복음과 문화 사이

Plugged In:
Connecting Your Faith with What You Watch, Read, and Play

©Daniel Strange 2019. Reprinted 2019 (twice), 2020.

Originally Published in English under the title:
Plugged In: Connecting Your Faith with What You Watch, Read, and Play
Published by The Good Book Company, Blenheim House, 1 Blenheim Road, Epsom, KT19 9AP, UK
All rights reserved.

Korean translation edition © 2020 by Duranno Ministry
38, Seobinggo-ro 65-gil, Yongsan-gu, Seoul, Republic of Korea

This Korean edition published by arrangement with The Good Book Company.

복음과 문화 사이

지은이 | 대니얼 스트레인지
옮긴이 | 정성묵
초판 발행 | 2020. 3. 18
등록번호 | 제1988-000080호
등록된 곳 | 서울특별시 용산구 서빙고로65길 38
발행처 | 사단법인 두란노서원
영업부 | 2078-3333 FAX | 080-749-3705
출판부 | 2078-3332

책값은 뒤표지에 있습니다.
ISBN 978-89-531-3708-0 03230

독자의 의견을 기다립니다.
tpress@duranno.com www.duranno.com

두란노서원은 바울 사도가 3차 전도 여행 때 에베소에서 성령 받은 제자들을 따로 세워 하나님의 말씀으로 양육
하던 장소입니다. 사도행전 19장 8-20절의 정신에 따라 첫째 목회자를 돕는 사역과 평신도를 훈련시키는 사역,
둘째 세계선교™와 문서선교단행본·잡지 사역, 셋째 예수문화 및 경배와 찬양 사역, 그리고 가정·상담 사역 등을 감
당하고 있습니다. 1980년 12월 22일에 창립된 두란노서원은 주님 오실 때까지 이 사역들을 계속할 것입니다.

복음과
문화
사이

대니얼 스트레인지 지음

정성묵 옮김

두란노

세속적이고 다원론적인 세상에서
복음이 사람들의 질문에 연결하려는
새로운 방법을 찾는 모험에 동참하는 이들에게
이 책을 바친다.

이 책을 향한
찬사들

서구 문화가 기독교의 뿌리를 잃어버리는 지금의 삶에 어떻게 반응해야 할지에 관한 고민이 전에 없이 중요해지고 있다. 대니얼 스트레인지는 기독교가 문화와 연결되어야 하는 신학적인 이유들과 그런 기술을 배울 수 있는 실질적인 지침을 동시에 제공한다

- **D. A. 카슨**, 복음연합(The Gospel Coalition) 대표

크리스천으로서 주변 문화와 어떻게 상호작용해야 할지에 관한 고민은 정말 중요하다. 이에 대해 이 책은 좋은 지침서다. 대니얼 스트레인지는 성경적인 틀과 실제적인 도구들을 동시에 제공하고, 어떻게 문화가 친구들과 주변 사람들에게 복음을 전하는 일을 시작하기에 더없이 좋은 출발점이 될 수 있는지를 보여 준다. 강력히 추천한다

- **팀 체스터**, 보로우브리지그레이스교회 목사

어떻게 하면 우리가 문화에 의식적이고도 즐겁게 그리고 효과적으로 참여할 수 있는지를 참신하고도 관대한 시각과 유쾌한 해학으로 조명한 책이다. 이 주제에 대해 오래 고민하고 가르친 덕분에 저자는 자신의 모든 통찰을 이 작지만 더없이 날카롭고 설득력 넘치는 책에 집약시킬 수 있었다. 현대 교회에는 이런 도구가 절실히 필요하다. 진심으로 추천한다.

- **리처드 커닝햄**, UCCF: the Christian Unions 대표

복음을 전하기 위해 문화에 참여하라는 분명하고도 실질적인 도전을 준다. 이 책은 고무적이고 성경적이다. 오늘 이 책을 사서 그 안에 담긴 진리를 매일의 삶 속에서 적용하라.
- **가빈 칼버**, 복음주의연합 선교책임자

대니얼 스트레인지는 깊이나 전문성을 잃지 않고도 문화 참여란 주제를 평신도들이 이해하기 쉽게 풀어냈다. 이 책은 다양한 문화적 상황을 다루면서도 매우 읽기 쉽다. 나아가, 저자는 신학적인 면까지 다룰 뿐 아니라, 크리스천들이 문화에 까다롭고 편협한 태도가 아니라 유쾌하고 친절한 태도로 반응할 길을 보여 준다.
- **테드 터노**, *Popologetics*(포폴로제틱스) 저자

당신이 기독교와 문화의 관계를 어떻게 생각하든 이 중요한 주제에 관한 대니얼의 탁월한 메시지를 꼭 들어보라고 권하고 싶다.
- **크리쉬 칸디아**, 하나님을위한가정(Home for Good) 창립자

이 책은 사고를 자극하는 동시에 지극히 실제적인 책이다. 대니얼 스트레인지는 독자들이 미디어와 영화와 텔레비전을 통해 늘 접하는 것들에 어떻게 맞서는 동시에 연결되어야 할지를 명쾌하게 알려 준다. 꼭 필요한 책이다!
- **놀라 리치**, 케어(CARE) 대표

기독교의 문화 참여에 관해 알려 주는 흥미롭고 성경적이면서도 실제적인 지침서다. 어서 빨리 이 책을 떠오르는 세대들의 손에 쥐어주거나 태블릿에 넣어 주고 싶어 견딜 수 없다.
- **멜 래시**, GYD(Growing Young Disciples) 대표

이 책을 통해 경험 많은 저자 대니얼 스트레인지는 아무나 해 낼 수 없는 일을 했다. 자신이 먼저 충분히 소화한 문화 연구라는 정말 어렵고 복잡한 주제를 다음 독자들에게 더없이 분명하게 설명해 주고 있다. 무엇보다도 그는 우리가 왜 문화 참여에 관심을 가져야 하는지를 알려 주고, 그 방법에 관해 중요한 제안들을 한다. 이 책은 상상력으로 충만하고 부러울 만큼 명쾌하며 유쾌하면서도 천박하지는 않다. 앞으로 수년, 아니 수십 년 동안 필독서로 남을 것이다.
- **윌리엄 에드거**, 웨스트민스터신학교 변증학 교수

대니얼 스트레인지는 우리가 '멈춰서 찬찬히 생각할' 수 있도록 도와준다. 그는 우리가 평소에 보고 듣고 하는 모든 것을 성경의 렌즈를 통해 보게 해 준다. 이 책은 이 세대의 크리스천들이 하나님의 영광을 위해 주변 문화에 올바로 참여할 수 있게 도와주는 책이다.
- **샤론 제임스**, 크리스천연구소(The Christian Institute)

Contents

⌂ PART 1

문화,
다른 어느 때보다
예수 복음이 필요하다

△ PART 2

복음으로
문화에
접속하려면…

새로운
문화 해석이 필요한
시점이다

내 은사 중 한 분에게서 독일 신학자 폴 틸리히(Paul Tillich)에 관한 일화를 들은 적이 있다. 은사님은 젊은 시절 미국의 한 신학교에서 틸리히의 강연 후 토론회에서 사회를 보게 되었다. 그런데 틸리히 박사는 매번 학생들의 질문을 완전히 다르게 '바로잡은' 뒤에야 답을 했다.

그래서 은사님이 용기를 내어 말했다. "틸리히 교수님, 이건 학생들의 질문이 아니잖아요. 학생들의 질문에 대답해 주셨으면 좋겠습니다." 하지만 틸리히 박사의 대답은 답답하기 짝이 없었다. "옳은 질문을 하지 않으니 어쩔 수 없습니다." 맞는 말일지 모르지만, 그로 인해 학생들은 토론회에 대한 흥미를 완전히 잃고 말았다고 했다.

이 책을 쓴 대니얼 스트레인지는 현대 크리스천들이 이 안타까운 강사와 꽤 비슷하다고 지적한다. 우리는 "예수님이 답이다"라고 믿지만 문화에 눈과 귀를 철저히 닫은 탓에 사람들이 묻지 않는 질문에 답하면서 그리스도를 제시하고 있다고 경종을 울린다. 물론, 죄로 인해 가리워진 사람들은 좀처럼 "죄인인 내가 어떻게 거룩하고 의로우신 하나님과 화목할 수 있는가?"와 같은 근본적인 질문을 던지지 않는다. 하지만 저자가 이 책에서 보여 주듯이, 모든 사람 속에 있는 하나님의 형상과 일반 은총으로 인해 사람들은 꽤 진지한 질문들을 던지고 있다. "나는 누구인가? 인생의 의미는 무엇인가? 어떻게 해야 진정한 기쁨과 만족을 얻을 수 있는가?"

문화는 이런 중요한 질문들에 대한 각자의 답에 따라 '텍스트'(보고 읽고 행동하는 것들)를 만들어 낸다. 저자는 기독교 문화 분석을 하는 법을 누구보다도 쉽게 알려 준다. 먼저 그는 텍스트 안에서 이런 중요한 질문에 대한 해당 문화의 답을 찾아내는 방법을 알려 준다. 그런 다음 그 답을 비판하되 기본적인 갈망들은 인정해 주면서 우리의 갈망을 진정으로 만족시키고 우리의 질문에 진정한 답을 주시는 분, 곧 그리스도를 가리키는 법을 보여 준다.

여기서 사용된 기본적인 방법은 20세기 일부 선교학자들이 정립한 "전복적인 성취"(subversive fulfillment)이다. 온전히 무너뜨리고 새롭게 세우는 전복적인 성취 방식은 저자가 다루는 문화 분석에 완벽히 어울리는 표현이 아닐 수 없다. 크리스천들은 다른 종교와 세계관을 가진 사람들에게 복음이 인간의 기본적인 욕구와 갈망을 충족시켜 준다는 점을 보여 주는 동시에, 사람들이 이런 갈망을 충족시키기 위해 의지하는 모든 문화 속의 거짓 우상들을 비판한다. 전복적인 성취는 타협과 현실 도피의 두 오류를 동시에 피하게 한다. 죄를 뭉뚱그려서 비판하는 것이 아니라 문화 속에서 발견되는 특정한 우상숭배적 형태들을 비판하며, 구원을 두루뭉술하게 선포하는 것이 아니라 문화가 그릇되게 우상들을 통해 추구하고 있는 소망들을 복음이 이루어 준다는 점을 분명히 선포해야 한다.

이 책에서 저자는 이 방식을 21세기로 가져와서 어느 독자나 유용하게 사용할 수 있도록 새롭게 제시하고 있다. 저자는 이것이 바울의 설교 방식임을 우리에게 설득력 있게 보여 준다. 하지만 이 방식은 단순히 전도를 위한 대화 전략만이 아니다. 저자는 이 방식이 크리스천들이 사는 세상과 매일 그들을 향해 날아오는 문화적 텍스트들을 이해하기 위한 방식이라고 말한다. 이것을 이해해야만 '세상 속에서 살되 세상에 속하지 않고' 믿음으로 살아갈 수 있다는 것이다.

나아가, 저자는 대중 설교와 가르침에서부터 개인적인 대화까지 우리의 모든 커뮤니케이션이 전복적인 성취 방식을 채택해야 한다고 목소리를 높인다. 이는 "나는 옳고 당신은 완전히 틀렸다"라는 말로 밖에서 사람들을 공격하는 것을 의미하지 않는다. 이는 기독교가 얼마나 시대의 흐름에 발 빠른지를 보여 주기 위한 방식도 아니다. 존중과 반박을 결합한 방식이다. 이 방식은 사람들을 격려하되 그들의 방식대로 노력해 봐야 결과는 실패뿐임을 보여 주는 것이다. 이 방식은 복음을 통해 모든 인간의 마음이 진정으로 원하는 것들을 제시한다. 그것은 바로 고통이 앗아갈 수 없는 의미, 상황에 따라 변하지 않는 만족, 사랑과 공동체를 파괴하지 않는 자유, 자신감을 주는 동시에 남들을 존중하게 만드는 정체성, 우리를 새로운 압제자로 만들지 않는 정의의 기초, 상대주의에 의지하지 않고 수치심과 죄책감에서 해방되는 것, 심지어 죽음마저도 의연하게 맞을 수 있게 해 주는 소망이다.

세속적이고 다원론적인 사회 속에서 복음이 사람들의 필요와 질문들에 연결되기 위한 새로운 방법들을 찾아야 한다고 촉구하는 책들이 많이 나와 있다. 포스트 기독교 세상에서 속세를 등지지도 말고 속세에 동화되지도 말고 믿음대로 살라고 촉구하는 책들도 많다. 하지만 세상 어디에도 이 책 만큼 실질적인 방법을 정확하게 보여주는 책은 없다.

프롤로그

세상 속에 살되
세상에 속하지
않는다는 것

　우리는 수많은 정보가 노출되는 세상에서 살고 있다. 당신의 오늘 하루를 생각해 보라. 보통의 나의 아침을 소개하자면 다음과 같다. 먼저, 알람이 울리면 눈을 떠서 라디오를 켠다. 교육부 장관이 교육 정책으로 언론의 뭇매를 맞고 있다. 개와 산책을 하면서 헤드폰으로 영화 관련 팟캐스트를 듣는다. 아이들의 도시락을 싸면서 우리 집 막내가 좋아해 귀청이 터지도록 파워 레인저의 주제곡을 들려주는 인공지능 AI를 향해 쉴 새 없이 "스톱"을 외친다. 휴대폰을 통해 경제, 스포츠, 정치까지 그날의 모든 뉴스 앱을 훑어본다. 그 후 날씨 앱을 확인한다. 오늘은 비가 온단다. 눈을 뜬 지 45분밖에 지나지 않았지만 이미 나의 오감은 정보의 집중포화를 받았다.

첨단기술 전문가들은 인류의 탄생부터 2003년까지 발생한 정보의 양을 대략 5엑사바이트로 추정했다(1엑사바이트는 1,000,000,000,000,000,000바이트다). 그런데 2003년부터 2010년까지 이 짧은 시간에 추가된 정보의 양이 5엑사바이트에 이르렀다. 2018년에 조사했을 때, 그 전까지 전 세계에 축적되었던 정보의 90퍼센트가 불과 2년 안에 발생했다. 유튜브에 1분에 400시간 분량의 동영상이 새로 올라온다는 사실을 생각하면 별로 놀랄 일도 아니다. 원하는 동영상을 찾기 위해 걸러내야 할 동영상이 그야말로 산더미다.

정보의 폭격,
바이트가 아니라
문화적 이야기다

사람들은 정보를 바이트로 받아들이지 않는다. 스마트폰은 정보를 바이트로 다운로드하지만 우리의 뇌는 그렇지 않다. 우리의 정신과 마음이 작동하는 단위는 이야기다. 여기서 이야기는 우리가 학교에서 배운, 기승전결을 가진 이야기(대개 매우 빤한 이야기)를 의미하지 않는다. 이때 이야기는 우리가 한 인간에게서 다른 인간에게로 전달하는 모든 경험과 감정과 상상과 개념을 포함한다. 우리는 신문에서 이야기를 읽고, 영화관에서 이야기를 보고, 라디오에서 흘러나오는 노래 속 이야기를 듣고, 인스타그램에서 남들의 이야기를 엿보고, 액자에 자신의 이야기를 끼워 넣는다.

우리는 깨어 있는 동안 쉴 새 없이 이런 문화적 이야기를 주고 받는다. 최근 연구에 따르면 미국인들은 평균적으로 하루에 10시간의 미디어를 소비한다. 현대인은 평생 7년 반을 텔레비전 시청에 사용하고 5년 이상을 소셜미디어에 매달린다. 하지만 낮에는 시간이 충분하지 않은가? 과연 그럴까? 세계 최대 영상 스트리밍 서비스인 넷플릭스는 최대 경쟁자로 다른 회사가 아닌 인간의 수면 필요성을 꼽았다.

그런데 많은 사람이 이런 정보의 폭격을 스트레스로 여긴다. 적어도 그렇게 느껴질 때가 있다. 가끔 우리는 1940년대 로저스와 하트(Rogers & Heart)의 흘러간 팝송 가사를 실제적으로 느낄 때가 있다. "넋이 나가고 귀찮고 어리둥절하고." 현시대는 검색 엔진 덕분에 백과사전보다도 많은 정보를 손쉽게 얻을 수 있게 되었다. 하지만 우리가 옳은 답을 얻었는지는 알 길이 없다. 이 많은 정보는 우리에게 큰 문제를 안겨 준다. 무엇이 진실인지 어떻게 알 수 있는가?

이런 이유로 우리는 믿을 만한 권위자를 찾는다. 내면 깊은 곳에서는 사람들과 믿을 수 있는 기관들을 만나고 싶어 한다. 운동선수들이 약물에 의존하지 않고 정당하게 경쟁하기를 원하고 정치인들이 뇌물의 유혹에 넘어가지 않기를 바란다. 아이들이 거리에서 마음껏 뛰놀고, 우유를 사러 나갈 때 현관문을 잠그지 않아도 되었던 옛날을 그리워하는 사람이 많다. 하지만 요즘 우리는 인터넷 뉴스를 읽을 때마다 진짜일지, 가짜일지를 고민한다. 우리의 소셜미디어 소비가 어떤 유도된 알고리즘이나 기업의 농간에 따른 것이 아닌가 하는 의구심을 지울 수 없다.

무엇이
옳은 이야기인지
어떻게 알 수 있는가

크리스천들에게는 질문이 하나 더 있다. 무엇이 '옳은지' 어떻게 알 수 있는가? 예수님의 제자로서 우리는 그분이 기뻐하시는 생각과 말, 행동을 하기 원한다. 우리는 "위의 것을 생각"하고 싶어 한다 (골 3:2). 하지만 실제로 우리의 마음이 끊임없이 유입되는 이야기들의 홍수에 푹 잠겨 있을 때가 너무도 많다. 이런 문화적 이야기들이 그 자체로서 나쁘다는 것이 아니다. 어떻게 해야 할지 모를 만큼 이야기가 넘쳐난다는 것이 문제다. 내가 토요일 밤에 보는 것을 주일 아침에 교회에서 듣는 것과 어떻게 연결시켜야 할까? 좀 생각해 볼까 하면 다음 이야기가 저절로 재생되기 시작한다.

나 역시 다르지 않다. 다만 나는 일이기 때문에 이런 문제에 대해 더 깊이 생각할 뿐이다. 우리는 도덕적으로 모호한 세상에 살고 있다. 얼마 전 디즈니 스타에서 세계적인 팝 스타로 변신한 마일리 사이러스(Miley Cyrus)의 인터뷰 기사를 읽었다. 이런 내용이 있었다. "동물만 아니고 성인이면 다 괜찮아요. 합법적인 관계면 다 괜찮아요. 저를 사랑하는 18세 이상의 성인이라면 누구라도 좋아요. 하지만 애들은 싫어요. 남자든 여자든 상관없어요. 다시 말하지만 애들이랑 사귀는 건 싫어요."

인터뷰 말미에 이르러 그는 노숙자들을 위한 자선 쇼에 관한 이야기를 했다. "포르쉐를 타면서 그들을 위해 아무것도 하지 않을 수는 없죠. 하지만 그런 사람들을 매일 봐요. 자동차를 타고 가면서 우리나라를 위해서 싸운 재향군인들이나 폭행을 당한 소녀들을 그냥 모른 척 지나쳐요. 이틀 전 밤에 나비처럼 차려 입고서 자선 쇼를 했어요. 정말 불공평해요. 왜 저만 이렇게 운이 좋은가요?"[1]

혼란스러웠다. 너무 어울리지 않는 마일리 사이러스의 성 관념과 사회 정의에 관한 관념을 어떻게 이해해야 할 것인가? 웃어야 할까? 울어야 할까? 분노해야 할까? 벌린 입을 다물지 못한 채 그냥 앉아 있어야 할까?

앤서니 드웨이트(Anthony Thwaite)가 옛 언어로 최근에 쓴 "어느 노인의 지친 한숨"이란 시는 우리의 심정을 잘 대변해 준다.

거, 참,
요즘 나는 이 말을 할 때가 얼마나 많은지.
나지막이 속삭이고
전화벨이 울릴 때 신경질적으로 내뱉고
뉴스에 충격을 받을 때 내뱉고
그냥 버릇처럼 내뱉는다.
매일 스쳐지나가는 것들,
허공 속으로 사라지는 인생의 모든 것들에 대해서

매일같이, 거의 쉴 새 없이 내뱉는다.

욕설이기에는 너무 약하고,

눈에 띄기에는 너무 반복적인 말.

분노의 외침보다는 한숨에 가까운 말.

요즘 나는 이 말을 할 때가 얼마나 많은지.

이러다간 죽는 그 순간까지 이 말을 하지는 않을는지.

세월의 무게에 모든 것이 쇠약하고 뻣뻣해질 때

그저 "왜?"란 말밖에 할 말이 없으니. [2]

"차분히, 하던 일을 계속 하라"라는 포스터도 있지만 그렇게 하기
가 점점 더 힘들어지는 세상이다.

문화에 대한
세 가지
반응

교회를 다닌 지 꽤 되었다면 '세상 속에 있되 세상에 속하지 말아
야' 한다는 말을 들어본 적이 있을 것이다. 하지만 이것이 정확히 무
슨 뜻인지 아는가? "너희 속에 있는 소망에 관한 이유를 묻는 자에게
는 대답할 것을 항상 준비"하라는 바울의 말도 들어본 적이 있을 것

이다(벧전 3:15). 하지만 우리는 누군가 소망에 대하여 물어볼까 봐 두렵다. 도대체 무슨 말을 해야 할까? 게다가 그 누군가가 마일리 사이러스 같은 사람이라면 어떻게 답해야 하는가?

대부분의 크리스천은 문화에 대해 세 가지 반응 중 하나를 보인다(나머지는 세 가지가 뒤섞인 반응을 보인다).

어떤 이들은 '안을 보기를' 원한다. 그들은 안전한 기독교의 울타리 안으로 들어가 세상에 눈과 귀를 닫은 채 살아간다. 밖의 소음을 듣지 않으려고 손가락으로 귀를 막은 채, 곧 예수님이 다시 오시고 밖에 있는 모든 것이 사라질 날을 기다리며 자신만의 노래를 부른다. 그때까지 아미시(18세기 말처럼 현대 문명을 거부하고 생활하고 있는 사람들-편집자주) 신앙 소설이나 자신이 좋아하는 유명 목사의 서적을 읽으며 세상의 때가 묻지 않도록 조심한다. 치료사들이라면 이런 반응을 거룩한 '도망' 정도로 명명하지 않을까 싶다.

그런가 하면 반사적으로 '공격하는' 이들도 있다. 그들은 거룩한 '싸움'이라고 부른다. 씩씩거리며 주변 문화를 향해 손가락질을 한다. 영화 속 선정적인 장면이나 텔레비전에서 나오는 욕설에 혀를 끌끌 찬다. 하나님의 심판에 대한 건강한 믿음이 자칫 추악한 정죄의식으로 변질될 수 있다. 우리는 예수님에 관한 복음을 전한다고 하면서 세상 사람들의 도덕성을 지적하며 호통을 칠 때가 얼마나 많은가. 그러면서 우리는 왜 '저 밖에 있는' 사람들이 '이 안으로' 들어와 우리와 함께하지 않는지 의아하게 여긴다.

또 어떤 이들은 '비슷하게 보이려고' 노력한다. 그 동기야 어쨌든 많은 크리스천들의 삶과 문화 소비는 주변 세상과 구분이 안 될 정도로 비슷하다. 많은 교회가 일반 스포츠 클럽과 크게 달라 보이지 않는다. 이것은 '시대의 흐름에 발맞추겠다'는 좋은 의도에서 비롯한 현상일 수도 있다. 정죄주의에 대한 반발일 수도 있다. 그런가 하면 단순히 악한 본성을 탐닉하는 것일 수도 있다. 어떤 경우든 많은 교회의 모습이 "택하신 족속이요 왕 같은 제사장들이요 거룩한 나라요 그의 소유가 된 백성"과는 거리가 멀어 보인다(벧전 2:9). 성경은 "이 세대를" 본받지 말라고 분명히 말하건만 우리는 오히려 이 세대를 열심히 본받고 있다(롬 12:2).

이처럼 안을 보는 것, 공격하는 것, 비슷하게 보이는 것 중에서 당신은 어느 반응을 자주 보이는가?

세상에 '속하지' 않고
그 '안'에
거하는 법

나는 다른 방식을 제안하고 싶다. 바로 이 방식이 이 책의 핵심이다. '안을 보지' 않고도 세상 '안에' 있을 수 있다. 세상에 '속하지' 않고 세상을 닮지 않고도 세상 '안에' 있을 수가 있다. 분노와 자기 의가 아닌 진리와 은혜로 세상에 참여하는 것이 가능하다. 정신이 팔려 어리둥절해서 아무것이나 받아들이는 대신, 문화를 잘 소비하는 것이 가능하다. 텔레비전을 보고 소설을 읽고 비디오 게임을 하면서 믿음이 시들기는커녕 더 좋아지는 것이 가능하다. 당신(그렇다, 바로 당신!)이 친구와 지난밤 축구 경기에 관한 이야기로 시작해서 예수님에 관한 이야기로 마무리하는 것이 가능하다.

이 책을 통해 그렇게 될 수 있다. 당신이 매일 듣는 문화 이야기들을 제대로 처리할 수 있게 될 것이다. 당신이 문화에 대하여 생각하고 말하는 방식이 사람들에게 더 크고 더 좋은 현실을 보여 줄 수 있다. 그 현실은 바로 우리 왕 예수 그리스도의 이야기와 이 세상을 향한 그분의 우주적 계획이다. 우리는 문화에서 벗어날 수 없다. 다만 문화에 참여할 수만 있을 뿐이다.

Plugged In

Part 1

문화,
다른 어느 때보다
예수 복음이 필요하다

Chapter 1

문화의 중요성

문화,
우리 마음속의 뿌리와
세계관의 산물

책을 손에 들고 눈치를 챘을지 모르겠지만 이 책은 문화 참여를 다루고 있다. 그런데 '문화'란 정확히 무엇인가? 문화란 단어는 정의하기가 까다롭기로 악명 높고, 복잡한 역사를 가지고 있다.

어원학에 관심이 있는 사람이라면 '문화'(culture)란 단어가 라틴어 어원에서 비롯한 세 가지 뜻을 갖고 있다는 사실을 알 것이다. '콜레레'(colrere)는 농업을 지칭한다. 즉 땅을 갈고 식물을 키우는 것을 말한다. '콜로누스'(colonus)는 어디에 거주한다는 개념이다. 마지막으로 '쿨투스'(cultus)는 경의를 표하고 예배하는 것과 관련이 있다.

오늘날 우리는 문화란 단어를 다양한 방식으로 사용한다. 그것은 무엇보다도 그 단어가 다양한 학문 영역 사이를 떠돈 탓이다.

'예술'에서 말하는
문화의 정의

사람들에게 '문화'는 세련된 취미나 교양과 관련이 깊다. 낭만이 흐르는 강에서 나룻배를 타며 시를 읊다가 골프를 치고, 밤에는 고급 세단을 타고 오페라를 관람하러 가는 사람은 세련된 '문화인'이다. 반면, 공원에서 족구를 하다가 스포츠카를 타고 해변을 질주하고, 간단히 샌드위치를 먹고 클럽을 즐기는 사람은 세련된 문화인이기라기보다는 거친 사람이다. 이런 정의의 문화는 '당위'의 의미를 내포하고 있다. 즉 문화에 속한 것들이 있고 분명 문화에 속하지 않는 것들이 있다.

물론 당신이 나와 다른 '문화'에서 살고 있다면 문화인에 대한 묘사가 와닿지 않을 수 있다. 이 '문화'가 바로 예술의 문화 정의다.

'사회과학'에서 말하는
문화의 정의

'문화'에 대한 사회과학적 정의는 덜 엘리트주의적이고 더 광범위하다. 모든 인간은 어떤 문화에 '속해' 있으며, 모든 문화는 인류의 삶에 나름의 공헌을 한다. 이 문화는 예술처럼 우리 삶의 한 부분을 지칭하지 않는다. 이 문화는 인류가 개인적으로나 사회적으로 창출하는 모든 활동과 산물을 지칭한다. 또 인류에게 질서와 정체성과 의미를 제공한다. 이 문화는 음악 이야기에서 뿐만 아니라 우리가 무엇을 언제 먹고 입는지, 결혼이 어떻게 진행되는지, 거리에서 휘파람을 부는 것이 사회적으로 적합한지까지 모든 것을 망라한다.

'예술적' 정의처럼 심한 엘리트주의를 내포하고 있지는 않지만, '사회과학적' 정의에서도 어떤 문화들이 다른 문화들보다 인류의 삶에 더 공헌했다고 주장하는 것이 가능하다. 실제로 예나 지금이나 그런 일이 벌어지고 있다. 예를 들어 '원시' 문화와 '선진' 문화, '상류' 문화와 '대중' 문화가 구분된다. 물론 오늘날에 이런 식의 구분을 했다가는 당장 논쟁과 논란이 불거진다.

예를 들어, 문화적 상황에 대한 당신의 반응을 1850년대 찰스 제임스 네이피어(Charles James Napier) 장군이 한 다음 말과 비교해 보라. 식민지 인도의 영국군 총사령관이었던 그는 남편의 장례식에서 과부들을 산채로 태워 죽이는 풍습인 '사티'(sati) 금지에 반발하는 힌두교 사제들에게 이렇게 말했다.

마음대로 하시오. 과부들을 이렇게 태워 죽이는 것이 당신들의 관습입니까? 화장용 장작더미를 쌓으시오. 하지만 우리나라에도 관습이 있소. 남자가 여자를 산 채로 태워 죽이면 우리는 그 자를 교수형에 처하고 모든 재산을 몰수하오. 과부를 태워 죽이는 일과 연관된 모든 자를 교수형하기 위해 목수가 교수대를 세우오. 자, 각자 자기 나라의 관습대로 합시다.[1]

오늘날 외무부의 대변인이 이런 말을 한다는 것은 상상도 할 수 없다. 네이피어 장군에 대한 우리의 반응은 지난 160년 동안 문화적 시각이 크게 변했음을 보여 준다. 오늘날 우리는 문화적 관행에 대해 왈가왈부하기를 꺼려한다. 웬만해서 우리는 무엇이 옳고 그르다 말하지 않으려고 한다. 문화적 관행에 대해서 가치 판단 없이 '묘사'만 할 뿐이다. 이것이 사회과학의 방식이다. 하지만 이런 중립성의 주장은 우리 현실이나 자연적인 본능과 상충한다. 말로는 판단하고 싶지 않고 판단은 각자에게 맡긴다고 하지만 속으로는 사실과 가치를 잘 분리하지 못한다. 우리 안의 무언가는 '사티'에 대한 자신의 의견을 제시하기를 원한다.

'문화 연구'에서 말하는
문화의 정의

지난 50년 사이 '문화 연구'는 하나의 학문 분야가 되었다. 이것은 온갖 학문 영역, 특히 기호학을 활용하는 매우 복잡한 분야다. 기호학은 기호와 상징 그리고 그 해석 방식에 관한 학문이다. 문화 연구는 권력과 정치 그리고 그것들이 인종, 계급, 나이, 성과와 어떻게 연관되는지에 관심을 가진다.

문화 연구가 복잡한 이유 중 하나는 문화들이 정적이고 고정적이며 서로 분리된 것들이 아니라 유동적이고 발전하며 서로 연관되어 있다는 점이다. 세상이 복잡하기 때문에 문화 연구도 그만큼 복잡할 수밖에 없다.

문화 연구는 정체성에 관한 학문이다. 즉 문화가 어떻게 형성되는지, 그 형성에 누가 더 영향력을 미치는가를 연구한다. 문화학자들은 단어 맞추기 게임을 할 때나 들어볼 수 있는 온갖 복잡한 용어들을 사용한다. 그들의 말을 듣다보면 머리가 아프기도 한다. 그러나 그들은 우리가 사는 세상과 정신을 잘 분석한다.

문화학자들은 글로컬(glocal) 세상을 말한다. 즉 글로벌(global) 영향들과 로컬(local) 영향들을 함께 분석한다. 또 문화학자들은 여러 문화의 혼합을 뜻하는 잡종성(hybridity)을 이야기한다. 이는 한 문화가 여러 문화적 정체성의 혼합으로 이루어져 있다는 개념이다. 문화학자들은 경계성의 '리미널리티'(liminality, 문지방에 선 것처럼 한쪽에 속하지 않고 어떤 한 기준의, 공간의 경계에 놓여있는 상태-편집자주) 개념을 말한다. 이것은 문화적 변화의 한복판에서, 과거와 미래 사이의 틈에서, 우리가 경험하는 극도의 혼란을 뜻한다.

모든 맥도날드 매장은 비슷하게 생겼지만 어떤 나라의 맥도날드에서는 맥주를 팔고 어떤 나라에서는 팔지 않는다. 요즘 우리나라에서도 세계 각국의 요리를 맛볼 수 있지만 대개는 우리나라 사람의 입맛에 얼추 맞춘 상태의 요리다. 랩과 힙합은 〈스트레이트 아우터 컴튼〉(Straight Outta Compton)이란 영화를 탄생시켰지만 전 세계로 퍼져나가 각각 영국 랩이나 프랑스 랩에 영감을 주었다. 현재 전 세계는 복고 열풍이 불고 있다. 〈스타워즈〉 시리즈가 재등장했다. 음질이 하이파이가 아닌 저음질인 로파이(lo-fi) 음악과 레코드판이 다시 유행하고 있다. 아이들은 내가 1980년대에 입었던 스웨터를 즐겨 입는다. 문화 연구는 이런 현상에 관심을 갖는다. 하지만 이상하게도 더 많은 정체성을 파악할수록 우리가 누구인지는 더 오리무중에 빠지는 것만 같다.

성경이 말하는
문화의 정의

예술, 사회과학, 문화 연구의 문화 정의는 모두 현실을 반영한다. 이제 성경이 말하는 문화에 대해 살펴보면서 더 유익한 사고의 틀을 제시하고자 한다. 문화를 '것들'로 보지 말고, 우리가 세상 속에서 살며 주변 상황을 해석하는 방식으로 생각해 보자. 이 책에서 우리는 문화를 다음과 같이 정의하고자 한다.

문화는 우리가 세상에 대한 의미를 표현하기 위해 전하는 이야기들이다.

여기서 두 가지에 주목해야 한다. 첫째, 문화는 의미를 표현한다.

문화는 우리가 세상에서 의미를 찾는 방식이다. 심지어 의미가 없다고 결론을 내린 사람들도 계속해서 의미를 찾는다. 문화는 우리가 자신의 세계관 - 무엇이 중요한지, 무엇이 옳고 그른지, 무엇이 참되며 그것을 어떻게 알 수 있는지, 어떻게 하면 행복해질 수 있는지 - 을 삶으로 표현하는 방식이다. 여기서 문화의 정의가 복잡해지기 시작한다. 여러 사람이 같은 세계관을 공유할 때 우리는 '문화'라고 부르기 때문이다. 예를 들어, 영국 문화나 일본 문화 같은 경우를 말한다. 이런 '세계관-문화'는 주로 우리가 전하는 문화적 이야기들을 통해 표현되며, 다시 그 이야기들은 우리의 세계관을 서서히 변화시킨다.

예를 들어, 공동체보다 개인을 우선시하는 문화들이 있고 반대로 개인보다 공동체를 우선시하는 문화들이 있다. 대부분의 영국인들은 정부가 의료 서비스를 운영해서 지불 능력과 상관 없이 치료의 시급성에 따라 치료해 주기를 기대한다. 70년째 이어오고 있는 영국 국립 보건 서비스는 이런 생각을 잘 반영했다. 하지만 다른 문화권의 의료 상황은 전혀 다르며, 모든 문화권이 영국의 의료 정책을 이상으로 추구하고 있지도 않다.

둘째, 문화는 이야기들이다. 어떤 이야기는 말을 사용하지만 말 없는 이야기도 있다. 긴 이야기도 있고 140자 이내로 제한되는 이야기도 있다. 갈등과 회복을 이야기하는 연속극들도 세상에 대한 의미를 담고 있다. 그 속의 이야기들은 무엇이 영웅적이고 무엇이 야

비하며 무엇이 진정으로 값진 것인지에 관한 나름의 시각을 보여 준다. 영화 〈트레인스포팅〉과 〈타이타닉〉, 앨범 '스위트 차일드 오 마인'(Sweet Child O'Mine), 히트송 '싱글 레이디스', 책 《오만과 편견》, 리얼리티TV 시리즈 '더 리얼 하우스와이브스 오브 오렌지 카운티'(The Real Housewives of Orange County), 페이스북 메신저, 마리오 카트 게임(Mario Kart), 트레이시 에민(Tracy Emin)의 설치 작품 '나의 침대', 다빈치의 '모나리자', BBC뉴스도 다 마찬가지다. 영화, 드라마, 게임, 뉴스 등 이 모두는 어떤 식으로든 이야기를 통해 세상에 대한 의미를 표현한다.

다음 두 장에서 성경을 배경으로 이 정의를 탐구할 것이다. 그러기 전에 먼저 한 가지 질문을 생각해 보고자 한다. 왜 크리스천들은 문화에 참여해야 하는가?

문화에 관심을 가져야 하는 네 가지 이유

물론 당신이 이 책을 들고 여기까지 읽었다는 것은 이미 문화에 어느 정도 관심이 있다는 뜻일 것이다. 그래도 여전히 문화에 관심을 가져야 한다는 확신이 부족할 수도 있기 때문에 크리스천들이 문화에 적극적으로 참여해야 하는 네 가지 이유를 제시하고자 한다.

우리가 세상에 속하거나, 공격하거나, 물들지 않고도 문화에 참여해야 하는 네 가지 이유가 있다.

여기서는 우리가 어느 방향으로, 왜 가고 있는지에 관해서 간략히 짚고 넘어가도록 하겠다.

문화 참여,
더 이상
다른 선택은 없다

우리가 문화에 참여해야 하는 첫 번째 이유는 다른 길이 없기 때문이다. 좋든 싫든 문화 참여는 피할 수 없다. 인간이 문화적 존재로 창조되었기 때문이다. 우리는 자의든 타의든 매일 문화를 소비하고 창출한다. 문화를 떠나서 사는 것은 불가능하다. 또한 우리는 문화에 '속해' 있다. 문화는 우리 존재의 뗄 수 없는 일부다.

크리스천으로서 우리의 정체성은 '그리스도 안에' 있는 사람들이다. 이것이 우리의 영적 현실이라 해도 우리의 육적 현실은 그대로 남아 있다. 우리는 특정 시대에 특정 장소에 사는 특정 가족으로 태어났다. 우리는 자신만의 정체성을 갖고 있으며, 이야기들을 창출하여 이 정체성을 표현한다. 또한 우리가 자라면서 접하는 문화적 이야기들은 계속해서 우리 정체성에 영향을 미친다.

나는 몸무게 95킬로그램에 키 188센티미터의 40대 남성이며, 인종적으로 반은 백인이고 반은 인도계인 영국인이다. 영국 남동부에 있는 사우스엔드온시에서 태어났고 기독교 소년대(Boys Brigade)라는 청소년 단체를 통해 예수님을 영접했다. 나는 결혼해서 많은 자녀를 얻었고, 신학교에 출강하고 있으며, 웨스트 햄 유나이티드 축구 팬이자 재즈와 클래식 애호가다. 이 모든 배경이 내가 말을 하고 남들의 말을 듣는 방식에 영향을 미친다. 나는 '그리스도 안에' 있지만 이런 배경의 영향에서 자유로울 수 없다.

이런 배경은 내가 성경을 읽고, 복음을 전하고, 교회에서 다른 크리스천들과 함께 모일 때 무엇을 하는지에 영향을 미친다. 예를 들어, 주일 아침에 나는 교회 예배당에서 아내 옆에 앉고 예배 시간 내내 신발을 신고 있다. 하지만 런던이 아닌 파키스탄의 도시 라호르에 있는 교회에서 예배드리는 모습은 사뭇 다를 것이다. 앞서 말했던 보건 서비스와 같을 것이다. 국립 보건 서비스가 있는 나라와 그렇지 않은 나라에서 교회가 담당해야 할 역할 역시도 조금씩 다를 것이다.

누구도 문화라는 틀 밖에서 성경에 접근할 수 없다. 우리는 문화라는 필터 혹은 안경을 통해 성경을 볼 수밖에 없다. 내가 존경하는 네덜란드 신학자 헤르만 바빙크(J. H. Bavinck)는 다음과 같이 말했다.

복음을 다른 사람들에게 다른 언어로 전할 때마다 여러 단어를 변형시키고(번역하고) 새로운 내용을 추가해야 한다. 복음을 전할 때 딱 맞는 옷처럼 세상 어디서나 완벽히 통하는 언어는 없다.[2]

복음은 어느 한 문화에 '맞지' 않는다. 그러기에는 복음이 너무도 크다. 하지만 자칫 나는 복음이 영어와 중산층에 맞는 것이라고 생각할 수 있다. 혹은 우리 교회의 방식이 정석이라고 가정할 수 있다. 혹은 내가 문화 위에 있어서 내 배경에 영향을 미치지 않는다고 가정할 수 있다. 이렇게 문화적 인식이 부족하면 곤란에 빠질 수 있다. 특히, 다른 배경을 가진 크리스천들과 협력하고 예배할 때 문제가 발생할 수 있다. 문화에 대하여 깊이 생각해 보지 않은 사람은 복음과 문화를 제대로 이해하지 못해 너무 경직되거나 유연할 수 있다.

오해하지는 말라. 복음이 문화에 이리저리 휩쓸리는 것이 아니다. 하나님은 자신을 분명하게 드러내셨다. 하나님은 문화 속에 갇혀 계시지 않다. 하나님은 유일무이한 창조주이시며 피조물과는 차원이 다른 분이시다. 그래서 인간은 문화의 영향을 전혀 받지 않는 채로 복음을 '전할' 수 없다. 하지만 '진리' 자체는 문화를 초월한다.

우리는 문화를 벗어나 살 수 없다. 그래서 늘 문화를 주시해야 한다. 하지만 거기서 끝이 아니다. 우리는 문화를 '포용할' 수 있고 '포용해야만' 한다. 우리는 교회 안에서 획일성을 이루려고 하면 안 된다. 문화적 화합을 이루는 동시에 분열이 아닌 다양성을 이룰 수 있어야 한다.

다민족교회인 우리교회에서는 한 달에 한 번 교인들이 집에서 음식을 가져와 나누는 행사를 가진다. 서인도 제도, 나이지리아, 말레이시아, 인도네시아, 이란, 영국까지 다양한 민족이 섞인 교회답게 매번 세계 각지의 요리가 상에 올라온다. 주일 아침의 복장도 각양각색이다. 설교 시간에 영어가 모국어가 아닌 교인들은 통역 과정에서 중요한 내용을 놓칠 수도 있다. 교인들의 음악 취향도 천차만별이다. 하지만 우리는 그리스도 안에서 형제자매이기에 나란히 예배할 수 있고, 그 모습이 실로 아름답다. 나와 친한 한 목사는 이런 식으로 교회가 새 하늘과 새 땅의 '모델 하우스'가 될 수 있다고 말한다.

예수를 따를 것인가, 우상을 따를것인가

두 번째 이유로 우리는 주님이 창조하신 세상에 살면서 주님을 충성스럽게 따르기를 원하기 때문에 문화에 참여해야 한다. 그리고 주님의 세상에서 살면 문화를 소비하고 창출할 수밖에 없다.

우리는 문화를 소비할 때 문화를 우상시하여 예수님에 대한 충성을 잃지 말아야 한다. 사도 요한은 아시아 교인들에게 쓴 첫 번째 편지의 마지막 부분에서 힘주어 말했다. "자녀들아, 너희 자신을 지켜 우상에게서 멀리하라"(요일 5:21). 우상에 관해서는 뒤에서도 계속해서 살펴보겠지만, 일단 정의해 보자. 우상은 예수님께 사로잡혀야 할 우리의 마음을 사로잡은 가짜 신이다. 우상을 멀리하려면 우상을 알아볼 수 있어야 하며 그것이 어떻게 작용하는지를 배워야 한다. 이것은 말처럼 쉽지 않다.

간혹 우리는 "소매치기가 자주 출몰하는 지역이니 조심하시오"라는 표지판을 본 사람처럼 행동할 때가 많다. 소매치기의 손길을 확실히 느낄 수 있도록 즉시 지갑을 뒷주머니에 넣는다. 하지만 결국 아주 세심한 소매치기에게 당한다.

소매치기처럼 우상은 감지하기가 힘들다. 사탄은 교활하기 때문에 우리로 하여금 우상숭배를 포착하기 어렵게 만든다. 우상은 "내가 우상이다"라고 떠들면서 다가오지 않는다. 우상은 하나님을 대신할 수 있는 존재처럼 보인다. 분명 가짜이지만 속기 쉽다. 대부분의 사람들은 돈이나 섹스와 관련된 잘 알려진 우상들에 대해서는 조심할 줄 안다. 또한 요즘 교회들은 권력, 안정, 인정, 통제 같은 '깊은 우상들'에 대해 열심히 경고한다. 하지만 '문화적' 우상들에 관해서는 꽤 무신경한 듯하다. 그 이유 중 하나는 내가 앞서 한 말과 관련이 있다. 문화를 중요하게 여기지 않거나 우리가 문화적 존재가 아니라고 생각하기 때문이다. 하지만 문화는 포괄적이어서 누구도 그 영향을 피할 수 없다.

당신은 투표할 때 우상을 잘 피하고 있는가? 자녀를 어느 학교에 보낼지 결정하고, 오늘 저녁에 텔레비전에서 어떤 프로그램을 볼지 선택하고, 주일이 아닌 평일에 하는 모든 활동에서 우상을 잘 피하고 있는가?

여기서 끝이 아니다. 지금까지는 수동적이고 방어적이며 반응적인 측면만 이야기했다. 하지만 인간으로서 우리는 문화를 창출하는 존재이기도 하다. 우상을 피하려면 그 우상의 자리에 다른 대체할 것을 놓아야 한다. 왜냐하면 인간은 무엇인가를 예배하도록 창조되었기 때문이다. 이 주제에 관해서는 다음 장에서 자세히 살펴보자.

확실한
산 소망의
이유

세 번째 이유로 그리스도인은 복음을 전해야 하기 때문에 문화에 참여해야 한다. 물론 불신은 전적으로 영적인 문제다. 성령님이 죽은 마음을 기적적으로 살려 주시지 않으면 누구도 크리스천이 될 수 없다. 하지만 성령은 수단들을 통해 역사하신다. 사도행전에서 사도 바울의 전도를 묘사할 때 사용한 단어들을 보라.

사울은 힘을 더 얻어 예수를 그리스도라 증언하여 다메섹에 사는 유대인들을 당혹하게 하니라(행 9:22).

안식일마다 바울이 회당에서 강론하고 유대인과 헬라인을 권면하니라(행 18:4).

바울이 회당에 들어가 석 달 동안 담대히 하나님 나라에 관하여 강론하며 권면하되(행 19:8).

바울은 철저히 성령의 역사를 의지하면서도 증언하고 권면하고 강론했다. 바울은 설득하고 주장하고 증명하는 방식을 사용했다. 여기서 설득은 합리주의로 흐르는 것을 말하지 않는다. 이성을 우리의 최종적인 심판관 혹은 권위로 삼아서는 안 된다. 성경을 통한 하나님 말씀이 우리의 최종적인 권위다. 여기서 강론한다는 것은 요즘 텔레비전 토론회에서처럼 말싸움을 하는 것이 아니다.

모든 크리스천은 소망의 '이유'를 설명할 수 있어야 한다(벧전 3:15). 이 소망은 단순히 지적인 소망을 말하지 않는다. 하지만 이 소망은 막연하고 애매한 소망이 아니다. 이것은 확실한 '산 소망'이다(벧전 1:3). 이것은 감정, 지성, 의지, 갈망, 상상력까지 우리 존재의 전부를 포함하는 소망이다. 우리는 남들에게 단순한 철학이나 세계관이나 메시지가 아닌 그리스도를 전하고 있다. 킹 제임스 성경의 사도행전은 이 점을 잘 담아내고 있다.

빌립이 입을 열어 같은 성경에서 시작하여 예수를 전하니(행 8:35, KJV).

(Then Philip opened his mouth, and began at the same scripture, and preached unto him Jesus.)

하지만 이것이 문화에 참여하는 것과 무슨 관계가 있는가?

요지는 죄와 불신이 문화와 하위 문화마다 다르게 나타난다는 점이다. 학자들은 이 점을 '타당성 구조'(plausibility structure)라는 개념으로 설명한다. 기본적으로 이것은 세계관을 지칭한다.

타당성 구조는 사회 전체의 마음과 정신 속에 깊이 박혀 있어서 그 구성원들이 진위를 따지지 않을 정도로 무의식적으로 혹은 굳게 믿는 믿음들의 집합이다. 타당성 구조의 주요 기능 중 하나는 믿음의 배경을 제공하는 것이다. 이 배경은 어떤 주장을 받아들이기 쉽거나 어렵게 만든다. [3]

이것은 학자가 아니더라도 충분히 이해할 수 있는 개념이다. 우리가 매일 경험하는 것이기 때문이다. 문화에서 예수 그리스도의 복음은 전혀 '타당하지 않게' 보인다. 이는 사람들이 기독교를 철저히 연구해서 자신에게 맞지 않다고 결론을 내린 것일 뿐이다. 딱히 기독교에 대한 나쁜 경험으로 인해 기독교를 멀리하는 것이 아니다. 물론 개중에는 그런 경험을 한 사람들도 있지만 대개는 그들이 매일 들이마시는 문화적 공기가 기독교는 부적절하고 거짓이고 편협하다는 생각을 심어 준 것이다. 이것이 우리의 전도가 자주 벽에 부딪히는 이유다. 한마디도 하기 전에 거절을 당하기 일쑤다. 우리 문화에서 예수님은 받아들여지기는커녕 고려할 대상조차 되지 못한다.

이런 문화적 변화는 전도 방식에 영향을 미친다. 1989년 나는 29,000명이 모인 크리스탈 팰리스의 홈구장 맨 앞에 앉아 솔로몬의 부에 관한 빌리 그레이엄(Billy Graham)의 설교를 들었다. 내 평생에 이런 전도의 현장에 다시 참여할 기회가 있을까? 안타깝게도 답은 "아니다"이다. 웨스트 햄 축구팀의 홈경기가 열리는 날에는 수천 명이 런던 스타디움에 모인다. 그때 우리는 단상 위에 서서 메가폰을 들고 성경 구절을 외치는 사람 앞을 지나간다. 내가 그 사람의 외침에 귀 기울이는 사람을 한 명이라도 봤을까? 안타깝게도, 단 한 명도 보지 못했다. 내가 더 효과적인 전도 방식이 있다고 생각하는 것이 그 사람의 믿음이나 성령의 능력을 부인하는 것일까?

쉽게 말해, 우리가 사람들에게 예수 그리스도를 전해 주고 싶지만, 빡빡머리에 온몸에 문신을 한 문화라는 덩치들이 길을 막고 서 있는 것과 같다. 이들을 지나기 전까지는 예수님을 소개해 줄 수 없다. 그리고 이 '덩치들'이 무엇인지는 문화에 따라 달라진다.

문화에 대한 강연을 할 때 가끔 나는 텔레비전에 자주 출연하는 독심술사 데런 브라운(Derren Brown)의 흉내를 내면서 비신자들이 어떤 이유로 기독교를 반대하는지 알아맞힌다. 하지만 이것은 독심술이 아니다. "나는 나와 비슷한 사람들을 좋아한다"라는 원칙을 바탕으로 추측하는 것이다. 예컨대 대다수의 청중이 백인 중산층 크리스천들이라면 그들의 친구들이 과학, 기적, 악, 종교인들의 위선, 성적인 문제 등으로 기독교를 반대할 것이라고 추측할 수 있다. 그렇게 말하면 십중팔구 틀리지 않다.

이슬람 국가에서 온 크리스천을 상대로 강연해 보면 그들의 친구들은 전혀 다른 이유로 기독교를 반대한다. 나는 중산층 백인 영국인이 미국의 외교 정책 때문에 기독교가 참일 수 없다고 말하는 것을 한 번도 들어본 적이 없다. 그런데 그들은 미국의 외교 정책 때문에 기독교에 반감을 가지고 있다.

따라서 복음을 효과적으로 전하려면, 그들이 타당하게 여길 만한 '이유'를 제시해야 한다. 그들이 말로 표현하지 않는 덩치들이 정확히 무엇이며 그 거부감들을 어떻게 넘어설 수 있을지를 이해해야만 한다. 그리고 그것들을 알려면 바로 그들의 세계관을 이해해야만 한다.

그렇다면 사람의 세계관을 어떻게 알 수 있을까? 그가 소비하고 창출하는 문화적 이야기들을 눈여겨보면 된다. 예를 들어, 오늘날 서구 사회에서 우리가 가장 자주 마주하는 세계관은 무엇일까? 바로 세속화다. 그런데 '세속'이란 단어는 매우 정의하기 어렵다. 그래서 학자들은 그 의미를 두고 수없이 논쟁을 벌인다. 하지만 내가 만난 가장 좋은 분석에 따르면 세속화의 핵심은 교회 출석률 감소, 심지어 공적 영역과 정치에 대한 종교의 참여가 아니다. 세속화는 바로 '불신'의 문제다. 수백 년 전과는 달리 지금은 기독교, 나아가 전반적으로 종교 자체에 많은 의문이 제기되고 있다. 이제 기독교는 의문시되는 여러 선택 사항 중 하나이며, 이 선택 사항들에는 '무신론'도 포함된다. 각 선택 사항들은 장단점을 갖고 있다. 이 많은 선택 사항 앞에서 많은 사람이 어찌해야 할지를 몰라 갈팡질팡한다.

그렇게 세속 문화 속의 많은 사람이 혼란에 빠져 있다. 이는 인터넷에서 동네 맛집을 검색했더니 수십 개가 나타나는 상황과 비슷하다. 식당마다 극찬의 리뷰가 최소한 하나는 달려 있다. 그로인해 우리는 혼란 상태, 혹은 한 철학자가 말한 '약해진'(fragilised)[4] 상태이다.

삶은 믿음 위에서 번영한다. 우리는 사람들을 신뢰하기 원하며, 아이들이 길거리에서 마음껏 뛰놀던 시절을 그리워한다. 하지만 우리는 믿음을 저버린 어른들과 권력자들에 대한 이야기를 매일같이 듣는다. 자기 자신에 대한 신뢰를 잃었고, 남들도 믿지 못하는 지경에 이르렀다. 이제 우리는 아무도 믿지 못해 스스로의 안전을 챙기는 데 집착한다. 그만큼 살기 힘든 세상이다. 물론 이런 불신과 불안의 문화 속에서 돈을 벌려는 무리들이 있다. 최근 낮 시간 텔레비전에서 어린이 프로그램들 사이에 광고를 본 적이 있는가? 장난감 광고만 있는 것이 아니라 보험 판매 광고도 자주 등장한다.

이런 혼란은 교회 밖의 문제만이 아니다. 세속화는 비신자들만이 아니라 신자들도 물들이고 있다. 모든 사람은 세속화 시대에 살고 있다. 그래서 크리스천들도 매일 문화를 소비하며 이런 세계관에 자연스레 노출되어 있다. 예를 들어, 수백만 개의 팟캐스트가 난무하는 세상에서 목사의 설교를 믿는 것은 쉬운 일이 아니다. 이제 세속화를 '저 밖에' 있는 것으로 여기지 말고, 우리가 바로 그런 문화적 배경 속에서 그리스도를 따르고 남들에게 그리스도를 전해야 한다는 점을 이해해야 한다.

하지만 희망이 있다. 이런 덩치들은 말로만 겁을 줄 뿐 직접 나서지는 못하는 녀석들이다. 용기를 내서 배를 살짝 누르기만 해도 도망가는 녀석들이다. 다시 말하지만 대부분의 비신자들은 깊이 고민하지도 않고 기독교를 무작정 반대한다. 우리가 조금만 파고들면 그들의 무지가 훤히 드러난다.

리처드 도킨스(Richard Dawkins)나 스티븐 프라이(Steven Fry) 같은 열렬한 무신론자들도 있지만, 무신론자나 불가지론자를 자처하면서도 이 '해 아래의 삶'이 전부라고 절대적으로 확신하지는 못하는 사람들이 훨씬 더 많다. 그들은 기독교를 탐구할 시간은 없지만 내심 의미와 사랑, 초월적이고 영적인 것들을 믿고 싶어 하는 사람들이다. 그들은 매일 별점을 보고 세상이 어떠해야 한다는 식으로 말한다. 그들은 나름대로 '무언가'를 예배하고 있기 때문에 '종교적인 사람들'의 범주에 들어간다.

줄리언 반스(Julian Barnes)의 책 《웃으면서 죽음을 이야기하는 방법》(Nothing to Be Frightened)의 도입부가 이런 사람들의 속내를 잘 대변해 준다. "신을 믿지는 않지만 신이 그립기는 하다."

아무도 우리의 메시지에 관심을 갖지 않는 것처럼 보이는 이 문화 속에서도 전도할 방법이 분명 있다. 하지만 어디를 봐야 할지를 알아야 한다.

그리스도의
영광을 위해
싸운다

마지막 이유가 가장 중요하다. 그런 의미에서 이 이유를 가장 먼저 이야기했어야 옳았을지도 모른다. 우리가 문화에 참여해야 하는 이유는 바로 예수님을 사랑하기 때문이다.

예수 그리스도는 누구신가? 그분은 "하늘과 땅의 모든 권세를" 받으신 분이다(마 28:18). 그분은 우리의 주인이시자 우주의 주인이시다. 신학자이자 네덜란드 수상이었던 아브라함 카이퍼(Abraham Kuyper)는 이 점을 이렇게 표현했다. "우리 인간 존재의 전체 영역에서 만물의 주인이신 그리스도가 '내 것'이라고 부르지 않는 영역은 단 1인치도 없다."[5]

예수 그리스도는 만물의 주인이시다. 그분의 이름은 "모든 이름 위에 뛰어난 이름"이다(빌 2:9). 그분은 어떤 문화에도 순응하거나 적응하지 않고, 모든 문화를 지배하신다. 왜냐하면 모든 것이 그분의 것이기 때문이다.

우리는 그분의 대사들이다. 크리스천에게는 예수님의 통치를 받아들이지 않는 영역들을 변화시킬 의무가 있다. 그리스도의 통치와 연결시키지 않는 이야기들은 모두 불완전하고 그릇된 이야기들이다. 따라서 우리는 "하나님을 아는 것을 대적하여 높아진 것을 다 무너뜨리고 모든 생각을 사로잡아 그리스도에게 복종하게" 해야 한다 (고후 10:5).

그러려면 먼저 자신의 생각부터 그리스도께 복종시켜야 한다. 정욕과 사랑에 대한 '그릇된' 생각만이 아니라 '모든' 생각을 그리스도께 복종시켜야 한다. 돈, 가족, 정부까지 모든 것에 관한 생각을 그리스도께 복종시켜야 한다. 문화가 매일 우리에게 주입시키는 그리스도께 반하는 생각을 알아채고 그리스도께 복종시켜야 한다.

우리는 그리스도의 영광을 위해 싸워야 한다. 우리는 그리스도가 영광을 받으시기를 원한다. 그래서 우리는 문화에 참여해야 한다.

어떻게
문화에
참여해야 할까

문화에 참여하는 것은 인간으로서 자신에 관한 시각, 제자화, 증언, 전도와 관련이 있다. 무엇보다도 그것은 예수 그리스도의 주되심과 관련이 깊다. 그리스도의 주되심보다 더 중요한 것은 없다. 그래서 우리는 반드시 문화에 참여해야 한다. 그렇다면 실제로 문화에 어떻게 참여해야 할까?

우리가 매일 소비하는 거짓된 문화적 이야기들(the counterfeit cultural stories)을 물리치기 전에 가장 먼저 해야 할 일은 더 좋은 진정한 이야기, 즉 성경 이야기를 가슴에 새겨야 한다. 이 이야기가 바로 다음 장의 주제다.

Chapter 2

문화의 추락

위대한 문화,
죄로 얼룩지다

지난 몇 년간 자주 본 텔레비전 프로그램 중 하나는 '마스터셰프 호주'라는 요리 경연 프로그램이다. 물론 이 프로그램이 모두의 취향은 아니다. 삶은 돼지고기를 요리하는 모습을 구경하는 것보다 삶은 돼지고기를 먹는 것을 좋아하는 사람도 있다. 하지만 내가 '디저트 추락 순간'이라고 부르는 장면만으로도 이 프로그램은 볼 만한 가치가 있다. 경연 참여자가 몇 시간 동안 공들여 만든 화려한 디저트가 바닥에 떨어져 순식간에 엉망진창이 되면 함께 시청하던 가족의 입에서 "헉" 소리가 터져 나온다.

지난 장에서 우리는 문화가 무엇이며 왜 문화에 관심을 기울여야 하는지를 빠른 속도로 살펴보았다. 이제 속도를 늦춰, 성경이라는 거대한 이야기 속에서 문화의 역할을 살펴보자. 이 이야기 속에도 한 순간에 모든 것이 뭉개지는 '디저트 추락 순간'과 같은 것이 있다.

문화
크리에이터로서의
인간

창세기의 첫 번째 장을 보면 하나님은 무(無)에서 온갖 좋은 것을 만드셨다. 하나님이 무료하셨던 것이 아니다. 하나님이 굳이 무엇인가를 창조하실 필요는 없었다. 그럼에도 하나님은 놀라운 창조성을 발휘하셨다. 빛과 어둠, 하늘과 땅, 온갖 생물까지 실로 다채로운 것들을 창조하셨다. 하지만 최고의 작품은 마지막까지 아껴두셨다. 창조의 진짜 하이라이트는 바로 당신과 나다.

하나님이 이르시되 우리의 형상을 따라 우리의 모양대로 우리가 사람을 만들고 그들로 바다의 물고기와 하늘의 새와 가축과 온 땅과 땅에 기는 모든 것을 다스리게 하자 하시고 하나님이 자기 형상 곧 하나님의 형상대로 사람을 창조하시되 남자와 여자를 창조하시고(창 1:26-27).

하나님의 형상을 따라 창조되었다는 것은 하나님이 어떤 분이신지를 드러낸다는 의미다. 그래서 우리는 하나님처럼 서로 관계를 맺고 살아간다. 우리는 하나님, 서로, 그리고 다른 피조물들과 관계를 맺고 살아간다. 그런 식으로 우리는 하나님의 형상을 나타낸다. 또한 창세기의 첫머리에서 하나님은 말씀하고 창조하는 분으로 자신을 나타내셨다. 그래서 우리도 말을 하고 늘 무엇인가를 만든다. 바로 이것이 아담이 가장 먼저 한 일이다.

여호와 하나님이 흙으로 각종 들짐승과 공중의 각종 새를 지으시고 아담이 무엇이라고 부르나 보시려고 그것들을 그에게로 이끌어 가시니 아담이 각 생물을 부르는 것이 곧 그 이름이 되었더라 아담이 모든 가축과 공중의 새와 들의 모든 짐승에게 이름을 주니라(창 2:19-20).

이것이 최초의 동식물 분류였다. 그리고 몇 절 뒤에서 아담은 놀라운 동반자인 하와를 보며 최초의 시를 지었다.

이는 내 뼈 중의 뼈요 살 중의 살이라 이것을 남자에게서 취하였은즉 여자라 부르리라(창 2:23).

이렇듯 아담은 최초의 생물학자이자 예술가였다. 하지만 하나님은 우리가 그분의 형상을 따라 창조된 것이 무슨 의미인지를 여전히 이해하지 못할까 봐 창세기 1장 28절과 2장 15절에서 분명한 명령을 내리셨다. 신학자들은 이것을 '문화 명령'이라고 부른다.

생육하고 번성하여 땅에 충만하라 땅을 정복하라 바다의 물고기와 하늘의 새와 땅에 움직이는 모든 생물을 다스리라(창 1:28).

여호와 하나님이 그 사람을 이끌어 에덴동산에 두어 그것을 경작하며 지키게 하시고(창 2:15).

아담과 하와는 땅을 가득 채우고 정복하며 에덴동산을 가꾸어야 했다. 이 명령의 중심에는 '다스림' 혹은 '정복'의 개념이 있다. 이 개념은 나중에 시편 8편에서 다시 나타난다.

그를 하나님보다 조금 못하게 하시고 영화와 존귀로 관을 씌우셨나이다 주의 손으로 만드신 것을 다스리게 하시고 만물을 그의 발아래 두셨으니(시 8:5-6).

하나님은 창조주, 곧 왕이시다. 우리는 피조물의 왕 노릇을 함으로써 하나님의 왕 되심을 보여 준다. 하지만 정말 놀라운 사실은 이 역할이 정적이지 않고 개발과 발전을 포함한다는 것이다.

만약 당신이 어린아이라고 생각해 보자. 성탄절 아침에 거대하고도 정교한 기차 장난감을 선물로 받았다. 선물을 바로 가지고 놀 수 있도록 기차와 철로가 모두 설치되어 있다. 스위치를 켜고 속도를 정하면 기차가 끊임없이 돌고 돈다. 하지만 잠시 동안만 재미있을 뿐 결국 지루해진다. 이번에는 철로와 풍경을 확장할 수 있는 미니어처 조각들이 무한히 많다고 해 보자. 그러면 기차 장난감이 진정으로 재미있어진다.

이와 비슷하게 아담과 하와는 창조의 잠재력을 발휘하되(2:15의 '일' 측면) 하나님의 기존 설계를 존중하고 가꾸는('돌봄' 측면) 책임을 받았다. 그 뒤로 모든 인간은 말씀하시고 창조하시는 하나님처럼 말하고 창조함으로써 피조 세계를 다스리고 개발하도록 부름을 받았다. 궁극적으로 문화를 창출하는 것이 바로 이러한 부름을 따르는 일이다. 고층건물인 마천루나 휴대폰 앱을 만들고 2시간짜리 교향곡이나 두 문장짜리 트위터 글을 쓰고 음식을 요리하거나 요리에 관한 텔레비전 프로그램을 보는 것까지 크든 작든 대단하든 하찮아 보이든 이 모든 활동이 하나님의 형상을 따라 말하고 만드는 것이다.

문화는 소명이다. 이것은 단지 일과 잠 사이에서 시간을 때우기 위함이 아니다. 이것은 하나님의 형상을 따라 창조된 존재의 일부로서 행하는 것이다. 깨닫든 깨닫지 못하든 이 소명은 모든 인간에게 해당된다. 그리고 피조 세계의 모든 것이 그렇듯 문화 창출의 궁극적인 목적도 하나님을 영화롭게 하는 것이다. 문화를 창출하는 것은 '하나님'의 창조성, 나아가 그분의 위대함을 뽐내는 일이다. 그리고 하나님의 기준에 따라 살며 그분의 일을 하면 우리도 동일한 영광을 받는다. 이는 곧 우리가 인간으로서 번영하는 길이다. 이렇게 할 때 우리가 내내 원하던 정체성과 의미를 찾게 된다.

문화 파괴자로서의
인류

알다시피, 창세기 1장에서 하나님이 말씀하시고 창조하신 모든 것은 다 '좋았지만' 인간이 말하고 만드는 것 중에는 좋지 않은 것이 너무도 많다. 예를 들어, 악플들이나 조건 만남 사이트, 공적 인물에 관한 거짓 신문기사, 넷플릭스 중독 등이 그렇다. 사실, 우리가 소비하는 모든 문화가 어느 정도는 '좋지 않게' 변질되어 있다. 이유는 무엇일까?

창세기에서 몇 장만 지나면 그 이유를 발견할 수 있다. 창세기 3장에서 일어난 일을 타락이라고 부른다. 이는 창조의 후퇴라고 말할 수 있다. 얼마나 비극적인가! 진정한 '디저트 추락 순간'과 같은 때이다. 아담과 하와는 하나님이 먹지 말라고 명령하신 열매를 먹어 그분을 거역했다. 그들은 하나님의 우주적 모형 철로를 계속해서 확장하지 않고 오히려 두 개를 빼서 짓밟았다. 그들은 하나님을 비추는 대신 스스로 하나님이 되고 싶었다. 그 결과, 창세기의 처음 두 장에서 볼 수 있었던 하나님과 인류, 나머지 피조물 사이의 질서와 관계가 깨지고 말았다.

그리스도께 속하거나
속하지 않거나

문화 창출자들과 그들의 산물은 어떻게 되었는가? 창세기 3장 15절에서 하나님은 앞으로 하시려는 일을 뱀에게 알리셨다.

내가 너로 여자와 원수가 되게 하고 네 후손도 여자의 후손과 원수가 되게 하리니 여자의 후손은 네 머리를 상하게 할 것이요 너는 그의 발꿈치를 상하게 할 것이니라(창 3:15).

하와의 반역에도 불구하고 희망이 있었다. 그녀의 후손 중 한 명인 예수 그리스도가 사탄을 파괴할 것이기 때문이다(갈 4:4). 전면전이 시작되었다. 그리고 모든 전쟁이 그렇듯 이 전쟁은 일대일 전투의 차원이 아니다. 어마어마한 전쟁이 시작되었다.

성경은 인류가 둘로 나뉘어 서로 싸울 것을 암시한다. 그리고 보다시피 이 둘에게 서로에 대한 미움을 심어 주신 분은 바로 하나님이시다!

곧바로 창세기 4장에서 전사자가 발생한다. 아담과 하와의 아들 가인이 동생 아벨을 살해했다. 이 극심한 분열은 성경 전체에서 계속 이어지고 있으며, 성경의 전체 줄거리를 보면 이 분열의 의미를 발견할 수 있다. 즉 하나님께 반역하며 사는 모든 사람은 사탄의 영적 자녀. 반면, 하나님의 통치 아래서 인류가 본래 살아야 했던 삶을 사는 모든 사람은 하와의 영적 자녀다.

신약은 여러 비유로 이 차이를 묘사한다. 즉 우리는 어둠 속에 있거나 빛 가운데 있고, 염소이거나 양이고, 악인이거나 하나님의 자녀다. 창세기 3장 15절은 하와의 후손들이 십자가 위에서 사탄의 머리를 부술 것임을 암시한다. 당신은 그리스도 안에 있거나 안에 있지 않거나 둘 중 하나다. 영적 회색지대는 없다. 오직 흑백만 있을 뿐이다.

그렇다면 사탄의 영적 자손들이 하와의 영적 자손들과 무엇이 다른가? 단순한 행동의 차이가 아니다. 그보다 훨씬 더 깊이, 마음속까지 들어간다. 성경에서 마음은 인간의 중심이며, 이 중심이 우리의 외적 행동을 결정한다. "물에 비치면 얼굴이 서로 같은 것 같이 사람의 마음도 서로 비치느니라"(잠 27:19). 예수님은 "네 보물 있는 그곳에는 네 마음도 있느니라"라고 말씀하셨다(마 6:21). 문제는 타락 이후로 우리의 마음이 잘못된 편에 있다는 것이다. 우리는 사탄의 영적 자손이다. 하나님의 은혜로운 개입으로 우리가 편을 바꾸게 되기 전까지는 그 상태에서 벗어날 수 없다.

하나님의 형상을 따라 지음을 받았다는 것은 곧 예배하도록 창조되었다는 뜻이다. 다시 말해, 우리 모두에게는 예배하려는 마음이 내재해 있다. 우리는 살아 계신 하나님을 예배하도록 창조되었다. 하지만 많은 사람이 다른 것을 예배하고 있다. 이것을 성경은 우상숭배라고 부른다. 선택 사항은 오직 두 가지뿐이다. 하나님을 예배하든가 우상들을 예배하든가. 골로새서 2장 6-8절은 이 두 가지 형태의 삶을 다음과 같이 묘사한다.

> 그러므로 너희가 그리스도 예수를 주로 받았으니 그 안에서 행하되 그 안에 뿌리를 박으며 세움을 받아 교훈을 받은 대로 믿음에 굳게 서서 감사함을 넘치게 하라 누가 철학과 헛된 속임수로 너희를 사로잡을까 주의하라 이것은 사람의 전통과 세상의 초등학문을 따름이요 그리스도를 따름이 아니니라(골 2:6-8).

"그(그리스도) 안에 뿌리를 박으며 세움을 받"은 사람들이 있는 반면, "철학과 헛된 속임수"에 사로잡혀 그리스도가 아닌 "사람의 전통과 세상의 초등학문을" 따르는 사람들도 있다.

문화는 인간이 하나님의 형상을 따라 만들고 말하면서 세상을 형성하는 방식이다. 하지만 문화는 우리가 마음속에서 하나님과 맺고 있는 관계라는 '뿌리'의 '열매'이기도 하다. 그리고 대부분의 사람들에게 이 관계는 전쟁 상태이다. 이 점을 정확히 짚은 미국 신학자 존 프레임(John Frame)의 말을 들어보자.

> 문화는 사회가 하나님의 피조물로 자신의 이상에 따라 만드는 것이다. 아니, 이상이 먼저라고 말해야 옳을 듯하다. 사람들이 무언가를 만드는 것은 이미 계획, 목적, 목표, 이상을 품고 있기 때문이다. 이상이 먼저이고, 그 다음이 창조다. … 이제 우리는 문화가 종교와 어떤

연관이 있는지 알 수 있다. 가치와 이상을 이야기하는 것은, 곧 종교를 이야기하는 일이다. 넓은 의미에서 종교는 사람의 마음을 가장 강하게 붙잡고 있는 것, 가장 결정적으로 행동을 결정하는 것이다. … 흥미롭게도 라틴어 '콜레레'(colere)는 … 종교적 예배를 지칭하기도 하며, 여기서 영어의 컬트(cult:예배 혹은 사이비 종교)가 파생했다. 문화와 예배는 서로 연관되어 있다. 사회가 우상 곧 거짓 신을 예배하면 그 예배가 그 사회의 문화를 지배하게 된다. 사회가 참된 하나님을 예배하면 그 예배는 그 사회에 깊은 영향을 미치고 그 사회 구석구석에 스며든다. 우리 사회처럼 사회가 종교적으로 분열되면 여러 종교적 영향들이 뒤섞여서 나타난다.[1]

그렇다면 문화는 "종교가 표면화된 것"이다. 문화는 우리가 속으로 믿는 것을 밖으로 표출하는 것이다.[2] 문화는 우리가 예배하는 방식이다. 즉 문화는 우리 마음에서 진정으로 가치 있게 여기는 것을 외적으로 보여 주는 방식이다.

죄가 '진짜 문화'를 파괴하다

그렇다면 우리의 종교적 뿌리가 문화적 열매에 어떻게 영향을 미칠 것인가? 이것을 이해하기 위해서 먼저 문화를 두 가지로 살펴보면 도움이 된다. 첫째, 문화는 인간이면 누구나 속한 것이다. 하지만 '진정한' 문화, '옳은' 문화는 우리가 하나님의 창조 설계와 청사진에 따라서 만드는 것이다. 이 두 개념을 아울러서 살펴봐야 한다. 자, 이제부터 이 두 개념을 자세히 보자.

인간의 타락에도 불구하고 인간 속의 하나님 형상은 소멸되지 않았다. 우리의 생각과 말로 하나님의 형상을 부인하고 훼손할 수는 있지만, 인간이라면 누구나 하나님의 형상을 품고 있다. 나아가, 선하신 하나님은 우리가 밑바닥까지 추락하지 않도록 우리를 보호해 주신다. 이것을 하나님의 '일반 은총'이라고 부른다. 이 은혜 안에는 우리가 감사할만한 많은 복이 포함되어 있다. 따라서 우리가 아무리 악해도, 인류 타락 이후에도, 우리는 여전히 인간이며 인간은 '문화'를 창출한다. 하나님의 피조물인 우리는 주변의 다른 피조물로 또 다른 것을 창조한다. 이것이 중요한 이유는 인간의 창조주가 하나님이시기 때문이다. 특정 문화가 악하고 피상적이고 망가졌다고 생각되어도 그것을 조롱하는 행위는 하나님의 형상을 닮은 인간을 향한 조롱이다. 즉 이는 비인간적인 행위다. 신학자 헤르만 바빙크의 말을 다시 들어보자.

사람들이 자기 인식, 개성, 왕족이라는 의식을 버릴 수 있을까? 사람들이 동식물처럼 기준이나 도덕 없이 그냥 세상으로 녹아들 수 있을까? 그럴 수 없다. 그들은 인간이기 때문이다. 그들은 더없이 안타까우면서도 더없이 위대한 존재들이다. 바로 이런 상태 속에서 하나님은 그들을 만나 주신다.[3]

하지만 우리의 타락한 문화는 '진짜 문화'의 잔재 혹은 부서진 조각들에 불과하다. 우리의 문화는 부서진 형상과 악한 마음의 산물이기 때문이다. 우리의 문화는 하나님보다는 우상을 숭배하려는 목적으로 창출되었다. 즉 인류 타락 이후 우리가 창출해 온 문화는 '진짜 문화'라 부를 수 없다. 문화 이면의 가치와 목적이 하나님의 선하신 기존 설계와 너무도 다르기 때문이다. 우리의 죄가 '진짜 문화'를 파괴했다. 이제 남은 것은 파편들뿐이다.

자신이
만든 것에
지배당하다

하지만 동시에 우리도 문화에 의해 파괴된다. 피조 세계를 지배하는 우리가 스스로 만든 것들에 지배를 당하고 있다. 우리는 우상 숭배적인 문화를 만들고 소비하면서 하나님이 누구시며 우리는 누구인지, 무엇이 잘못되었으며 그것을 어떻게 바로잡을지에 대한 거짓 이야기를 한다. 우리가 만들어 낸 거짓 신들이 우리에게 가짜 '복음'을 속삭이고, 우리는 그 이야기를 곧이곧대로 받아들인다. 당장은 그 우상들이 매력적으로 보이지만 그들은 우리의 영혼을 천천히 죽인다. 우상의 거짓말을 믿으면 인간의 정체성을 잃게 된다. 무엇보다도 우리를 창조하신 하나님에게서 점점 멀어지고, 급기야 그분을 잊어버린다. 이 악순환이 계속되면 우리는 진리에서 완전히 멀어진다.

크리스천들은 주변 사람들이 문화를 '만드는' 동시에 문화에 의해 '만들어진다는' 사실을 인식하고 살아야 한다. 명심하라. 문화는 우리 마음이 우상을 숭배하는 방식이다. 성경은 살아 계신 하나님에 비해서 우상들이 "사람의 손으로 만든 것"(시 135:15)에 불과하며 "아무 것도 아니"(고전 8:4)라고 거듭 강조한다. 하지만 한편으로 우상들은 '무시무시한 것'이다. 왜냐하면 우상은 그것을 숭배하는 자들을 통제할 힘이 있기 때문이다. "우상들을 만드는 자들과 그것을 의지하는 자들이 다 그와 같으리로다"(시 115:8). 그렇다. 우상숭배자는 그 우상과 동일시된다. 그렉 빌(Greg Beale)은 성경 어디를 보나 "사람들은 숭배하는 대상을 닮아가 몰락하거나 회복된다"라고 말했다. 다시 말해서 우리는 자신이 예배하는 대상처럼 되어간다.[4]

시편 115편을 보면 우상은 "입이 있어도 말하지 못하며 눈이 있어도 보지 못"한다(5절). 우상숭배자들은 우상처럼 눈이 멀고 쓸모없어진다. "그들이 알지도 못하고 깨닫지도 못함은 그들의 눈이 가려서 보지 못하며 그들의 마음이 어두워져서 깨닫지 못함이니라"(사 44:18).

우상숭배자들이 생명력 없는 우상들을 가장 닮아 있을 때는 언제인가? 바로, 죽은 이후다. 곧 우상숭배는 우리를 죽음으로 이끈다.

사회적 차원에서도 이 쌍방향 관계를 확인할 수 있다. 우리는 문화에 영향을 미치는 동시에 영향을 받는다. 때로 우리는 신앙이 정치 및 공적 영역과 결부되는 것을 꺼려한다. 하지만 '공적 영역은 신들의 전쟁터'이며 '사람들은 각자의 우상과 신, 각자의 예배 대상을 위해 싸운다.'⁵ 법은 사람들을 구원할 수 없지만 사람들을 형성할 수는 있다. 법은 앞서 살펴본 타당성 구조에 영향을 미친다. 우리 자신만이 아니라 다음 세대의 타당성 구조까지 영향을 받기 때문에 문화는 중요하다.

명심하라. 모든 인간은 예배의 대상을 닮아간다. 예를 들어, 이슬람교의 하나님 개념 중심에는 '타우히드'(tawhid)가 있다. 이것은 기독교의 삼위일체와 전혀 다른 하나님이 영원히 홀로 있는 단일체라는 개념이다. 이슬람교는 알라의 초월성, 전지성, 능력을 강조한다. 무슬림의 의미인 복종은 이슬람교의 핵심 중 하나다. 이렇다 보니 많은 이슬람교도가 다양성보다 획일성, 남들을 섬기는 것보다 복종을 강조한 이슬람 사회의 비전을 품고 있는 것도 무리가 아니다. 이것이 '움마'(ummah-전 세계적인 이슬람 공동체)와 '딤미튜드'(dhimmitude-복종의 의미로 추가적인 세금을 내야 하는 이슬람 국가 안에 사는 비이슬람교도들의 상태)라는 이슬람 개념 이면에 있는 원칙이다.

따라서 문화와 관련해서 우리는 사탄의 영적 자식과 하와의 영적 자녀 사이의 극명한 차이와 우주적인 충돌을 이해해야만 한다. 우리는 '문화 전쟁'의 한복판에 있다. '문화 전쟁'이란 표현이 너무 공격적이고 염세적이고 패배주의적으로 들릴지 모르겠다. 실제로 그리 듣기 좋은 소리는 아니다. 하지만 이것은 성경이 너무도 자주 사용하는 언어다. 이는 우리의 영적 상황을 정확히 기술하고 있다. 성경을 자세히 분석해 보면 이런 상황이 자주 드러난다.

우리는 이 우주적 문화 충돌 속으로 들어갈 준비를 해야 한다. 그리스도를 위해 문화를 창출하고 형성하며 문화에 참여해야 한다. 분명한 사실은 우리의 승리가 보장되어 있다는 것이다. 이야기는 여기서 끝이 아니다.

문화의 주인은 누구인가

내가 정말 좋아해서 늘 큰 소리로 부르는 크리스마스 캐럴 중 하나는 헨델과 아이작 왓츠의 명곡인 '기쁘다 구주 오셨네'다. 그런데 사람들이 가끔 내가 가장 좋아 하는 가사를 빼먹으면 내 기쁨이 반감된다. 그 가사는 다음과 같다.

온 세상 죄를 사하려 주 예수 오셨네.

죄와 슬픔 몰아내고 다 구원하시네.

예수님은 이 세상을 파멸에서 구원하기 위해 이 땅에 오셨다. 그분의 구속 역사는 단순히 개인의 영혼을 지옥에서 구하는 것이 아니다. 그 역사의 범위는 '우주적'이다. 그분은 '태초'의 피조 세계와 밀접히 연관된 새 피조 세계를 만드신다. 곧, "은혜는 자연을 회복시키고 완성시킨다."[6]

브라이언 맷슨(Brian Mattson)은 최고의 이야기들은 처음부터 잠재력이 있던 무엇인가를 회복시키는 결말을 갖고 있다고 말한다. 다시 말해, 우리의 영원한 해피엔딩은 '옛날 옛적'에서 나온다.

예수 그리스도가 이루신 완벽은 하나님이 피조 세계에 대해 처음부터 의도하셨던 완벽 그 자체다. 인류 타락 이후 하나님의 구속 역사는 플랜 B가 아니었다. 하나님은 줄거리를 바꾸시지 않았다. 기존의 목적과 관계없는 다른 것을 새롭게 내놓으시지 않았다. … 구속이라는 것 자체가 하나님이 피조 세계를 향한 기존의 목적들을 그대로 유지하셨다는 뜻이다. 하나님은 세상을 너무 사랑하셔서 세상의 구속을 위해 기꺼이 목숨까지도 내어놓으셨다.[7]

앞서 지적했듯이 아담은 문화적 사명을 제대로 감당하지 못했다. 그는 피조 세계를 돌보고 에덴동산을 확장하는 대신, 불순종으로 인해 동산에서 쫓겨나고 피조 세계 전체에 하나님의 저주가 내리게 만들었다. 예수님의 호칭 중 하나는 두 번째 아담 혹은 마지막 아담이다(고전 15:45 참고). 첫 번째 아담은 철저히 실패했지만 두 번째 아담인 예수님은 하나님 아버지께 완벽히 순종하셨다. 예수님은 그 어떤 균열이나 죄의 얼룩도 없는 진정한 하나님 형상을 가지셨다. 예수님은 더없이 뛰어난 문화 창출자셨다. 그분은 성령으로 기름 부음을 받으셨다. 그분은 풍랑을 잠잠하게 하시고 죽은 자를 살림으로써 피조 세계에 대한 완벽한 지배권을 보여 주셨다. 무엇보다도 그분의 십자가 희생은 우리의 불순종에 대한 하나님의 진노를 누그러뜨려 저주를 풀었다. 그분의 부활은 새 피조 세계의 첫 열매요 다가올 세상의 맛보기였다. 그분의 승천은 그분이 지금도 살아서 우리를 다스리시는 주님이라는 뜻이다.

그는 보이지 아니하는 하나님의 형상이시요 모든 피조물보다 먼저 나신 이시니 만물이 그에게서 창조되되 하늘과 땅에서 보이는 것들과 보이지 않는 것들과 혹은 왕권들이나 주권들이나 통치자들이나 권세들이나 만물이 다 그로 말미암고 그를 위하여 창조되었고 또한 그가 만물보다 먼저 계시고 만물이 그 안에 함께 섰느니라 그는 몸인 교회의 머리시라 그가 근본이시요 죽은 자들 가운데서 먼저 나신 이시니 이는 친히 만물의 으뜸이 되려 하심이요 아버지께서는 모든 충만으로 예수 안에 거하게 하시고 그의 십자가의 피로 화평을 이루사 만물 곧 땅에 있는 것들이나 하늘에 있는 것들이 그로 말미암아 자기와 화목하게 되기를 기뻐하심이라(골 1:15-20).

바로 이것이 복음의 핵심이다. 하지만 이것이 인간의 문화, 크리스천들과 무슨 관계가 있는가? 복음 안에서 크리스천들은 믿음으로 예수님과 연합하고 옛 사명을 회복한다. 우리가 할 수 없는 것을 예수님이 가능하게 해 주셨고 이제 우리는 '그분 안에' 있기 때문에 피조 세계의 지배자가 된다. 그리스도 안에서 문화는 우리의 소명이다. '그리스도 안에' 있다는 우리의 새로운 정체성은 우리 존재의 모든 면을 아우른다. "너희가 먹든지 마시든지 무엇을 하든지 다 하나님의 영광을 위하여 하라"(고전 10:31). 예수 그리스도의 복음을 통해 우리는 매우 다양한 방식으로 문화에 맞서고 하나님의 기준과 영광에 맞게 문화를 회복시킨다.

우리가 그리스도와 연합하면 문화 회복에 관한 그분의 이야기는 곧 우리의 이야기가 된다. 이것은 실로 놀라운 이야기다. 왜냐하면 이것은 궁극적으로 재창조에 관한 이야기이기 때문이다. 바울이 고린도후서 5장 17절에서 선포했듯이 이것은 생명, 인간의 번영, 새로운 세상 질서에 참여하는 것에 관한 이야기다. "그런즉 누구든지 그리스도 안에 있으면 새로운 피조물이라 이전 것은 지나갔으니 보라. 새 것이 되었도다." 이 재창조는 각 사람, 곧 개인적인 차원에서 시작된다. 우리는 매일의 삶 속에서 그리스도의 형상을 따라 다시 만들어진다. "하나님이 미리 아신 자들을 또한 그 아들의 형상을 본받게 하기 위하여 미리 정하셨으니 이는 그로 많은 형제 중에서 맏아들이 되게 하려 하심이니라"(롬 8:29).

이는 실로 놀라운 소식이다. 그리스도의 형상을 본받는다는 것은 완전해지는 일이기 때문이다. "너희도 그 안에서 충만하여졌으니"(골 2:10). 모든 것이 변화되고, 모든 것을 새로운 눈으로 보게 된다. 우리의 고통은 여전히 아프고 슬프지만 전처럼 의미 없는 고통이 아니라 우리를 그리스도를 닮게 빚어가는 도구라는 점을 이해하게 된다(히 12:6). 심지어 인류 최대의 적인 죽음조차도 '우리의 것'이 된다(고전 3:22). 하이델베르크 교리문답에 따르면 죽음은 "죄를 멈추고 생명으로 들어가는 순간이다."

아울러 우리는 더 큰 일에 참여하게 된다. 크리스천들은 그리스도의 영으로 충만해서 처음 아담이 받았던 문화 명령을 수행하는 자들이다. 곧 우리에게는 아담이 받은 임무에 참여할 자격이 있다. 단 지금은 강조점이 다르다. 오직 그리스도만 피조 세계를 구속할 수 있지만 '그리스도 안에서' 우리의 선한 일은 하나님이 현세에 그분의 나라를 넓히기 위해 사용하는 도구가 된다. 그리스도의 충성스러운 대사로서 우리는 첫 피조 세계를 돌아볼 뿐 아니라 새 하늘과 새 땅을 바라보면서 그분의 주되심을 열심히 선포해야 한다. 새 하늘과 새 땅에서 이 피조 세계가 완벽히 새로워지고 회복되어 영원히 이어질 것이다.

새롭게 주어진
임무

이 위대한 이야기 속에서 자신의 자리를 알면 현실을 직시할 수 있다. 현실은 우리가 부활 이후를 살고 있지만 아직 예수님이 돌아오시기 전이라는 것이다. 우리는 그리스도가 이미 이루신 일, '지금'과 그리스도가 언젠가 이루실 '아직' 사이에 있다.

우리가 출산 중인 여성처럼 신음하는 세상 속에서 살고 있다는 사실을 알아야 한다(롬 8:22). 이 세상은 좌절을 겪고 고된 노동을 하다가 죽게 되는 세상이다. "자기를 부인하고 자기 십자가를 지고 나(그리스도)를 따"라야 하는 것이 우리의 현실이다(막 8:34). 이 세상은 아무리 위대한 문화 활동조차도 죄로 얼룩져 있다. 따라서 문화에 대하여 크리스천들은 이상주의적으로 흐르지 말아야 한다. '아직'을 바라보지 말고 '지금'에 집착하지 않도록 조심해야 한다.

아울러 우리는 소망과 기쁨, 새로운 삶이라는 현실 속에서 살아야 한다. 우리는 예수님의 죽음과 부활로 인하여 세상이 180도로 뒤집혀, 다시 바로 섰다는 사실을 알아야 한다. 예수님은 우주의 주인이시다. 우리가 "현세에 있어 집과 형제와 자매와 어머니와 자식과 전토를 백 배나 받"는다는 것이 현실이다(막 10:30). 개인, 가족, 지역 사회, 문화 전체가 복음으로 변화될 수 있는 것이 현실이다. '아직'만을 바라보며 '지금'을 도외시하지 않도록 조심해야 한다.

우리는 새롭게 회복되어 하나님께 영광이 되는 문화를 창출하는 임무를 다시 받았다. 그렇다고 해서 복음 전도를 소홀히 해도 된다는 뜻은 전혀 아니다. 다른 사람들이 복음 메시지를 듣지 않으면, 어떻게 새로운 피조 세계의 일부가 될 수 있겠는가. 죄의 엄청난 폐해와 지옥의 실재를 생각할 때 회개하고 그리스도를 영접하라는 외침은 여전히 사명의 중심이어야 한다. 하지만 전도는 문화적 소명과 연결되어야 한다. 우리가 이 세상을 다스리고 가득 채우고 지키는 것은 사람들을 예수님께로 인도하기 위함이다. 우리는 말씀대로 가서 모든 나라를 제자로 삼아야 한다.

교회는 여전히 하나님 역사의 중심에 서서 문화 변화에 앞장서야 한다. 크리스천들은 주님을 위해 세상과 전쟁을 벌여야 한다. 교회는 하늘 군대를 치료하는 의무대 막사다. 교회의 리더들은 병사들을 훈련해 전쟁으로 인한 상처를 치유하고 하나님 말씀을 먹인 뒤에 세상 속으로 다시 보내 그리스도를 위해 모든 생각을 사로잡게 만드는 의무병들이다.

크리스천들은 우주적 문화 전쟁에 참여하고 있다. 그리고 어떤 전쟁에서든 승리의 열쇠는 적을 알고 그 적에 맞설 전략을 세우는 것에서 출발한다. 다음 두 장에서는 이 점을 살펴보자.

Chapter 3

문화의 빛과 어두움

문화 속의
거짓 우상을
드러나게 하라

길을 가던 사람을 붙잡고 인생, 우주, 세상만사에 대해 궁극적인 질문을 해 보라. 어떤 답을 들을 수 있겠는가? 아마도 다양한 대답을 들을 수 있을 것이다.

"나는 왜 여기에 있는가? 인생의 의미는 무엇인가? 어떻게 해야 행복할 수 있을까? 옳고 그름은 무엇인가? 인생에서 중요한 것은 무엇인가?"

이런 근본적인 질문들에 대한 답은 사람마다 다르다. 그것은 시대와 장소마다 문화가 다르기 때문이다. 앞서 우리가 문화를 어떻게 정의했는지 기억하는가?

"문화는 우리가 세상에 대한 의미를 표현하기 위해 전하는 이야기들이다."

그런데 우리가 사는 이 세상은 이미 의미를 갖고 있다. 그 의미는 무엇인가?

한계에
부딪힌
인간

앞서 말했듯이, 하나님은 말씀하시고 만드시는 분이기 때문에 그분의 형상을 따라 지음을 받은 우리도 계속해서 창조하려는 욕구가 있다. 물론, 우리의 영적 뿌리가 어디에 있느냐에 따라 문화적 열매는 무르익을 수도 있고 썩을 수도 있다. 하지만 어쨌든 우리는 무엇인가를 생산하며 산다. 아무것도 생산하지 않고 그냥 살아갈 수는 없다. 인간이라면 창조할 수밖에 없다. 하지만 인간은 한계가 존재한다.

이것은 무슨 뜻일까? 간단히 말해, 우리가 말하고 만드는 것은 하나님이 말씀하시고 만드시는 것과 같을 수 없다. 왜냐하면 그분은 창조주 하나님이시고 우리는 한낱 피조물이기 때문이다! 우리는 피조 세계의 일부에 불과하다. 이것은 당연하면서도 매우 중요하다. 하나님은 무에서 유를 창조하신다. 창조 이전에는 오직 하나님만 계셨다. 성부와 성자와 성령만 계셨다. 그 외에는 티끌 한 점조차 없었다. 하지만 인간은 그 무엇도 창조할 수 없다. 적어도 나는 그럴 수 없다.

따라서 인간이 문화를 창조하거나 창출한다는 것은 이미 존재하는 재료로 무언가를 만든다는 뜻이다. 그래서 어떤 면에서 우리는 무언가를 '창조하는' 것이 아니다. 단순히 이미 존재하는 것들로 문화를 '구축하는' 자들일 뿐이다. 우리가 하나님의 놀라운 우주적 모형 철로 위에 철로를 추가할 수 있을지는 몰라도 그러기 위해서는 먼저 재료들을 받아야만 한다. 이런 의미에서 우리는 '진정으로' 독창적인 문화를 창조할 수 없다. 오직 하나님만 그러실 수 있다. 인간의 창의성이 대단하기는 하지만 한계가 있을 수밖에 없는 이유다. 인간은 창조주가 아닌 피조물이기 때문이다.

우리가 문화를 구축하기 위해 사용하는 창조된 물질들을 평소보다 조금만 더 자세히 살펴보자. 우리가 전하는 이야기들의 소재가 되는 것들, 우리가 집을 짓기 위해 사용하는 재료들, 피조 세계 전체에 하나님의 지문이 묻어 있다. 위대한 예술 작품을 보면 그럴듯해 보이지만 피조물 하나하나가 하나님의 작품임을 알 수 있다. 피조 세계는 우리에게 하나님과 그분의 정체성에 대해 알려 준다. 다윗이 시편 19편에서 말하듯이 피조 세계는 곧 계시다.

하늘이 하나님의 영광을 선포하고 궁창이 그의 손으로 하신 일을 나타내는도다 날은 날에게 말하고 밤은 밤에게 지식을 전하니(시 19:1-2).

세상이 우리에게 전해 주는 지식은 정확히 무엇인가? 하나님이 어둠과 빛을 통해 그분에 대하여 무엇을 밝혀 주시는지 생각해 보면 답을 찾는 데 도움이 된다. 세상 이면에 있는 하나님의 '진정한 의미'

를 분명히 알면 인류가 문화를 통해 표현하는 다른 '의미들'을 이해
할 수 있다.

피할 수 없는
심판의 날이
다가온다

세상의 시작과 끝과 최종 심판을 믿는 크리스천들은 역사가 분명
한 방향으로 향하고 있다고 믿는다. 성경은 모든 인간이 하나님 앞
에 서서 자신의 삶을 설명하게 될 심판의 날이 다가옴을 예언한다.
성경은 이날을 줄여서 '하나님의 진노의 날'이라고 말한다(스 1:15, 계
6:17).

여기서 "진노"라는 단어는 성경의 정의와 전혀 상관없는 온갖 이
미지들을 연상시킨다. 성경이 말하는 하나님의 진노는 인간적이고
제멋대로인 분노, 불쑥 내는 화를 의미하지 않는다. 하나님의 진노
는 모든 악에 대한 혐오 및 반대를 의미한다. 진노의 날, 심판의 중심
에는 하나님의 어린양 예수 그리스도가 계실 것이다.

땅의 임금들과 왕족들과 장군들과 부자들과 강한 자들과 모든 종과
자유인이 굴과 산들의 바위틈에 숨어 산들과 바위에게 말하되 우리

위에 떨어져 보좌에 앉으신 이의 얼굴에서와 그 어린양의 진노에서 우리를 가리라 그들의 진노의 큰 날이 이르렀으니 누가 능히 서리요 하더라(계 6:15-17).

"어린양의 생명책"(계 13:8)에 있지 않은 자들은 "어린양의 진노"를 받게 될 것이다. 이 끔찍한 장면은 우리를 깨우기 위한 경종이다. 하지만 더 끔찍한 사실은 이 경종을 듣고도 잠만 자는 사람이 수없이 많다는 것이다. 바울은 로마 교인들에게 보낸 편지에서 유대인과 비유대인에게 다음과 같이 경고했다.

다만 네 고집과 회개하지 아니한 마음을 따라 진노의 날 곧 하나님의 의로우신 심판이 나타나는 그날에 임할 진노를 네게 쌓는도다(롬 2:5).

넓게 펼쳐져서 그 아래 있는 사람들의 피난처가 되어 주는 거대한 천막을 상상해 보라. 오랫동안 이 천막 위에 조금씩 물이 쏟아져 가운데로 모인다. 물이 점점 더 무거워져 천막이 천천히 처지기 시작한다. 하지만 그 아래에 있는 사람들은 괜찮다고 생각한다. 아무런 문제가 없는 듯 뒹굴다가 잠이 든다. 하지만 '큰 문제'가 있는 것이 현실이다. 물이 계속해서 모이면서 천막은 점점 무거워진다. 그러다가 천막이 무너지는 참담한 순간이 찾아온다. 하나님의 진노의 날은 그렇게 우주가 무너지는 날이다.

하지만 하나님의 진노에 관해 살펴보아야 할 점은 이것이 전부가 아니다. 로마서의 앞부분에서는 "하나님의 진노가 불의로 진리를 막는 사람들의 모든 경건하지 않음과 불의에 대하여 하늘로부터 나타나나니"라고 말한다(롬 1:18). 물론 진노의 마지막 날이 올 것이다. 하지만 온 인류는 '지금도' 하나님의 진노를 경험하고 있다. 하나님이 작은 칼로 천막을 살짝 베어 '진노의 물방울들'이 떨어지게 하신다고 나 할까.

이것은 잔인해 보이지만 은혜로운 경종이다. 이 '진노의 물방울들'은 잘못을 빨리 바로잡으라는 하나님의 메시지다. 우리는 이 메시지에 귀를 기울이고 너무 늦기 전에 죄에서 돌이켜야 한다. 진노의 날은 분명히 찾아오며, 하나님은 수만 가지 방법으로 이날에 대하여 미리 경고하신다. 돌에 찧은 발가락이나 깨진 휴대폰을 통해 경고하실 때도 있다. 가만히 두면 거실이 점점 더 어질러진다는 현실을 통해서도 경고하신다.

하나님은 큰일을 통해서도 경고하신다. 망가지고 기능 이상에 빠진 세상의 모습, 인류를 향한 하나님의 설계에 반하는 우리의 모습을 통해서 경고하신다. 재난과 질병, 스캔들을 통해서 경고하신다. 무엇보다도, 우리는 인간의 죽음을 통해 진노의 날을 본다. 시편 90편의 다음 말씀을 보라.

우리의 모든 날이 주의 분노 중에 지나가며 우리의 평생이 순식간에 다

하였나이다 우리의 연수가 칠십이요 강건하면 팔십이라도 그 연수의 자랑은 수고와 슬픔뿐이요 신속히 가니 우리가 날아가나이다 누가 주의 노여움의 능력을 알며 누가 주의 진노의 두려움을 알리이까 (시 90:9-11).

모든 인간이 죽는다는 단순한 사실은 하나님의 진노에 관한 경고이다. 아담과 하와처럼 우리는 '하나님처럼' 되기를 원하지만 끝이 너무도 빨리 다가온다.

나만 그런 것인지 모르겠지만 아침에 하나님의 진노를 느끼며 무거운 마음으로 잠에서 깼다고 말하는 비신자 친구를 단 한 명도 본 적이 없다. 하지만 성경은 그들도 매일 하나님의 진노를 경험하고 있다고 말한다. 다만 그들이 깨닫지 못하고 있을 뿐이다. 그런데 그들은 자신도 모르게 하나님의 진노에 대하여 늘 이야기한다. 그들이 살면서 경험하는 모든 좌절과 실패가 진노의 증거일 수 있다. 극심한 교통 체증, 학교 폭력, 병듦, 사업 실패 등이 다 하나님 진노의 증거다. 이러한 상황은 이 땅에서 지옥을 경험하게 한다. 이 모든 상황이 중요한 것은 그것이 우리를 향한 하나님의 메시지가 될 수 있기 때문이다. 그리고 이 메시지는 반응을 요구한다. 이것이 누가복음 13장 1-5절에 기록된 예수님 말씀의 요지다.

그때 마침 두어 사람이 와서 빌라도가 어떤 갈릴리 사람들의 피를 그들의 제물에 섞은 일로 예수께 아뢰니 대답하여 이르시되 너희는 이 갈릴리 사람들이 이같이 해 받으므로 다른 모든 갈릴리 사람보다 죄가 더 있는 줄 아느냐 너희에게 이르노니 아니라 너희도 만일 회개하지 아니하면 다 이와 같이 망하리라 또 실로암에서 망대가 무너져 치어 죽은 열여덟 사람이 예루살렘에 거한 다른 모든 사람보다 죄가 더 있는 줄 아느냐 너희에게 이르노니 아니라 너희도 만일 회개하지 아니하면 다 이와 같이 망하리라(눅 13:1-5).

현재 우리가 경험하는 어둠은 하나님의 진노에 대한 경종이며, 너무 늦기 전에 회개하라는 촉구다.

어둠 속에서
발견하는
참 빛

어둠이 있으면 빛도 있다. 물론 크리스천들은 진노의 날을 기다리고 있으며 지옥의 실존에 대하여 믿는다. 하지만 우리는 놀라운 새 하늘과 새 땅도 믿는다. 우리는 복과 기쁨이 가득한 곳을 바라본다. 그곳에는 악과 고통, 애통이 없을 것이다. 요한계시록은 다음과 같이 묘사한다.

내가 들으니 보좌에서 큰 음성이 나서 이르되 보라 하나님의 장막이 사람들과 함께 있으매 하나님이 그들과 함께 계시리니 그들은 하나님의 백성이 되고 하나님은 친히 그들과 함께 계셔서 모든 눈물을 그 눈에서 닦아 주시니 다시는 사망이 없고 애통하는 것이나 곡하는 것이나 아픈 것이 다시 있지 아니하리니 처음 것들이 다 지나갔음이러라 보좌에 앉으신 이가 이르시되 보라 내가 만물을 새롭게 하노라 하시고(계 21:3-5).

이런 복과 기쁨은 먼 미래의 일만이 아니다. 하나님의 '일반 은총' 속에서 우리는 지금 모든 피조물에게 나타나는 그분의 아낌없는 선하심을 본다. "하나님이 그 해를 악인과 선인에게 비추시며 비를 의로운 자와 불의한 자에게 내려주심이라"(마 5:45).

피조 세계에 있는 모든 놀라운 것들, 우리가 할 수 있는 놀라운 일들과 지금 우리가 경험하는 좋은 것들, 질서, 사랑, 정렬, 아름다움, 지혜, '옳음'을 보여 주는 모든 것들이 일반 은총의 결과다. 이러한 것들이 모든 선의 근원이신 하나님을 가리키는 빛이다. 모든 은혜의 선물을 이런 눈으로 보고, 감사로 받아야 한다. 그리고 어둠처럼 빛도 우리를 향한 하나님의 메시지를 담고 있다.

이번에도 나만 그런 것인지 모르겠지만, 나는 살아 있다는 것이 너무 감사해서 하나님께 감사하다고 말하는 비신자 친구를 단 한 명도 본 적이 없다. 하지만 성경은 분명 그들도 매일 하나님의 복을 경험하고 있다고 말한다. 단지 그들이 깨닫지 못할 뿐이다. 하지만 그들 역시 자신도 모르게 늘 하나님의 복에 대하여 이야기한다. 새로운 관계나 승진, 기분 좋은 휴일로 인한 기쁨을 이야기하는 것이 곧 하나님의 복을 이야기하는 일이기 때문이다. 이런 복은 하나님께로부터 오는 빛이다. 이것은 이 땅에서 천국을 경험하게 한다. 이런 복은 우리를 향한 하나님의 메시지이기 때문에 중요하다.

그리고 가장 중요한 메시지들이 다 그렇듯 이 메시지도 반응을 요구한다. 이 메시지에 어떻게 반응할 것인가?

진실을
뒤로
감추다

하나님은 피조 세계를 통해 우리에게 말씀하신다. 하나님은 어둠을 통해 우리가 바로잡아야 할 것을 알려 주신다. 또 하나님은 빛 가운데서 감사와 찬양의 반응을 요구하신다.

그렇다면 실제로 우리는 이런 하나님의 메시지에 어떻게 반응하고 있는가? 아무리 좋게 말해도, 잘하고 있지 못하다.

하나님의 진노가 불의로 진리를 막는 사람들의 모든 경건하지 않음과 불의에 대하여 하늘로부터 나타나나니(롬 1:18).

누군가를 익사시키기 위해 그 머리를 강제로 물속에 밀어 넣는 사람처럼 우리는 진실을 억누르고 있다. 하나님에 대한 반역으로 우리는 진실을 억누르고 짓밟으려고 한다. 커다랗고 두꺼운 펜을 사서 진실이 보이지 않도록 덧칠한다.

우리는 어떤 방식으로 진실을 감추는가? 우리가 창출한 문화 속에서 하나님이 피조 세계에 부여하신 본래의 의미들이 변질되게 한다. 이를테면 하나님은 죽음의 고통과 공포, 부자연스러움을 통해 무언가 잘못되었다고 말씀하신다. 반면에 우리는 죽음을 한 세계에서 다른 세계로 '넘어가는' 자연스러운 과정으로 재해석한다. "두려워할 필요 없다. 죽음은 완벽히 자연스러운 일이다. 받아들여야 한다. 전혀 무서워할 것이 아니다." 오늘날 대중 문화 속에서 죽음이 이런 식으로 묘사되는 경우가 많다. 2015년 최고의 히트를 기록한 싱글 중 하나인 위즈 칼리파와 찰리 푸스의 '씨 유 어게인'(see you again)은 빛을 따라가고 기억을 붙잡기만 하면 죽음이 평온한 것처럼 노래한다.

죽음에 관한 진실을 억누르는 또 다른 방법은 죽음에 대하여 이야기를 꺼내지 않는 것이다. 어리석게도 많은 사람이 인간의 고통을 하나님의 부재나 무정함에 대한 증거로 해석한다. 이것은 고통에 대해 하나님이 부여하신 진짜 의미와는 정반대다. 세상에 고통이 존재한다는 사실이 고통스럽지만, 고통은 궁극적으로 우리를 회개로 이끌어 죽음 이후의 훨씬 더 큰 고통에서 해방시키기 위한 사랑의 경고이다. 마찬가지로, 우리가 감사와 찬양을 올려 드리기 위한 아름다운 빛들도 철저히 왜곡되고 있다.

어느 유수한 대학의 크리스천 음대생들을 위한 주말 세미나에서 강연을 했던 기억이 난다. 그 학생들이 가장 괴로워하는 문제는 '경쟁의 문화'였다. 그런 문화가 주변에 가득해서 거부하기가 어렵다고 말했다. 그 학생들은 누구보다도 큰 음악적 재능을 갖고 있었다. 그런 재능을 받았다면 마땅히 모든 재능을 주신 하나님께 감사해야 마땅하다. 하나님이 재능을 주신 목적은 남들에게 즐거움을 더해 주기 위함이다. 하지만 이 학생들은 다른 학생들보다 앞서기 위해 이기적이고 교만한 야망을 이루는 데 자신의 재능을 사용하고 있었다. 그들은 빛을 어둠으로 변질시켰다.

문제는 하나님의 커뮤니케이션이 부족한 것이 아니다. 인간이 너무 반항적이고 악해서 그분의 음성을 한사코 듣지 않는 것이 문제다. 하나님은 늘 우리에게 말씀하시지만 우리는 그분의 목소리가 들리지 않을 만큼 더 크게 말하고 있다. 이 상황은 일회적이지 않다. 정적이지도 않다. 이 상황은 역동적이다.

해변에서 비치볼 위에 앉는 게임을 해 본 적이 있는가? 비치볼을 물속에 힘차게 집어넣고 앉으려고 하면 성공 직전에 몇 센티미터 떨어진 지점에서 다시 떠오르는 것을 경험하게 된다. 하나님의 계시와 우리의 반응도 마찬가지다. 우리는 진실을 억누르지만 완전히 억누를 수는 없다. 현실이 자꾸만 앞을 가로막는다. 진짜 세계는 우리가 만든 구멍에 맞지 않는다. 그래서 우리가 그 구멍에 억지로 끼워 넣으려고 하면 지독히 귀에 거슬리는 소리가 난다.

진실이 자꾸만 수면 위로 떠오르는 또 다른 이유는, 우리가 하나님의 형상을 따라 지음을 받은 피조물 중에서 유일하게 말하고 만들기 때문이다. 우리는 무에서 이야기를 만들어 낼 수는 없다! 우리는 기존에 있는 재료들로 이야기를 만들어 낸다. 그중에서도 예로부터 계속해서 이야기꾼들의 관심을 끄는 질문과 주제, 줄거리들이 있다. 그것은 바로 사랑, 부자가 거지가 되고 거지가 부자가 되는 일, 영웅적인 자기 희생, 고향으로 가는 여정 같은 것들이다. 한 신학자는 이런 것들을 "자성 포인트"(magnetic point)라고 부른다. 이것들은 우리가 끌릴 수밖에 없는 원초적인 질문들이다.[1] 그런데 이 모든 이야기는 바로 복음 이야기의 메아리들이다.

하나님의 형상은 장난감 가게에서 살 수 있는 꺼지지 않는 생일 초와도 같다. 그 초는 바람을 불고 손가락으로 잡고 물을 부어도 꺼지지 않는다. 계속해서 타오른다. 마찬가지로, 문화 속에서 어둠과 빛의 메시지가 잠깐이지만 깜박일 때가 있다. 우리의 아우성 속에서도 세미한 하나님의 음성이 들릴 때가 있다.

하나님은 계속해서 자신을 드러내시고, 우리는 계속해서 그분의 메시지를 억누른다. 그래서 우리는 "핑계하지" 못한다(롬 1:20). 우리는 진실을 알고 있다. 단지 듣기 싫어할 뿐이다.

나만의
우상을
세우다

우리는 진실을 억누를 뿐 아니라, 바울의 말처럼 진실을 다른 것들로 대체한다.

하나님을 알되 하나님을 영화롭게도 아니하며 감사하지도 아니하고 오히려 그 생각이 허망하여지며 미련한 마음이 어두워졌나니 스스로 지혜 있다 하나 어리석게 되어 썩어지지 아니하는 하나님의 영광을 썩어질 사람과 새와 짐승과 기어다니는 동물 모양의 우상으로 바꾸었느니라(롬 1:21-23).

우리는 진실을 뒤로 감추고 그 공백에 대체물을 채워 넣어 자신의 신으로 삼는다. 성경은 이것을 우상숭배라고 부른다. 우상숭배는 '좋은 것'을 '신'으로 삼는 것이다. 하나님의 형상을 따라 지음을 받았다는 것은 예배의 본능을 타고났다는 뜻이다. 따라서 우리는 현실을 피하기 위해 왜곡된 현실을 만들어 그것에 헌신한다.

악몽에 대해 생각해 보자. 보통 악몽은 우리가 낮에 마주치는 평범한 것들에서 출발한다. 그런데 그것들이 꿈속에서는 특별한 것들로 변한다. 놀이동산의 마법 거울 속 이미지처럼 꿈속에서 그것들은 실제보다 크고 기괴한 괴물로 변한다.

우상숭배가 이와 같다. 우상숭배는 피조물을 마치 신처럼 부풀리고 왜곡시킨다. 문화는 많은 사람이 똑같은 왜곡된 공상을 품을 때 만들어지는 것이다. 우상은 거짓 복음 이야기를 만들어 내지만 약속과 달리 세상에 환멸과 절망과 파괴를 안겨 준다. 무엇보다도 우상숭배는 궁극적으로 하나님께 반하는 행위이며, 하나님이 그분을 드러내는 방식에 위배된다.

하나님이 주신 어둠과 빛은 영원한 삶을 위한 것이다. 우리가 흘리는 고난의 눈물은 회심을 위한 경종이 된다. 반대로 매일 아침 만나는 따사로운 햇살은 감사와 찬양의 고백이 된다. 하지만 악몽 속에서는 이런 감사를 위한 신호가 그 근원에서 분리되어 외형을 가리키게 된다. 그것들이 하나님의 자리를 대신 차지하기 때문이다. 이는 에피타이저를 메인 코스로 생각하는 것과도 같다. 우리 문화의 모든 희망, 두려움, 갈망, 정체성이 눈앞의 현실과만 연결되어 있고 내세의 요소가 전혀 없다면 크게 잘못된 것이다.

하나님의 어둠은 세상과 인류에 문제가 있다고 말하고, 우리는 내면 깊은 곳에서 이 사실을 알고 있다. 하지만 우리 문화가 책, 텔레비전, 영화, 소셜미디어를 통해 내보내는 이야기들과 대본들은 하나같이 왜곡된 공상에 불과하다. 저자 그랜트 호너(Grant Horner)는 이 문제를 정확히 지적하고 있다.

우리는 인간 본성에 대한 철저히 비현실적인 시각을 품고 있으며, 세상이 잘못되었다는 사실로 인해 답답함을 느낀다. 이에 대부분의 사람들은 둘 중 하나로 치우친다. 어떤 이들은 현실과 동떨어진 이상주의자가 되고, 어떤 이들은 인류와 동떨어진 냉소주의자가 된다. 그렇게 해서 희극과 비극이라는 두 가지 고전적인 장르가 탄생했다. 모든 것이 잘될 것이라는 생각이 전자다. 모두가 비참하게 죽을 것이라는 시각이 후자다. 둘 중 어느 쪽이 될 것인가? '사운드 오브 뮤직'인가? 아니면 '용서받지 못한 자'인가? '에델바이스'를 부르며 알프스를 탈출할 것인가? 끝내 들어가지도 못할 집을 꿈꾸며 피와 깨진 그릇 조각이 난무한 무도장 바닥에서 생을 마감할 것인가?[2]

우리가 하나님의 메시지를 억누르고 다른 것으로 대체할 때 망가지고 조각난 이야기들의 문화가 탄생한다. 이런 문화는 꽤 그럴 듯하고 정교한 가상 세계들을 창조한다. 하지만 우리는 명심해야 한다. 우상들은 진실에 기생할 뿐이다. 우상들은 가짜 명품 핸드백과 같다. 명품처럼 보이지만 절대 명품이 아니다. 이런 우상숭배적 이야기들은 모방된 이야기들이기 때문에 진실을 아주 조금 포함하고 있다. 하지만 궁극적으로 이것들은 거짓 악몽이요 완전히 왜곡된 이야기들이다. 이 이야기들을 받아들이면 현실, 자신, 창조주로부터 점점 더 멀어진다. 우리에게는 잠에서 깨워 주는 모닝콜이 필요하다. 우리에게는 더 좋은 이야기가 필요하다.

복음으로

세상을

새롭게 보다

아내가 악몽으로 괴로워하는 나를 깨워 줄 때마다 얼마나 고마운
줄 모른다. "여보, 괜찮아요. 그냥 악몽일 뿐이에요. 현실이 아니에
요." 아내가 이렇게 말해 줄 때마다 깊은 안도감이 밀려온다.

크리스천은 오직 성경에 계시된 예수 그리스도의 복음만이 악몽
에서 깨어나 현실로 회복시킬 수 있다고 믿는다. 온전한 정신을 회
복시키고 뒤엎어진 세상을 세울 수 있는 것은 오직 복음뿐이다. 복
음은 세상을 하나님의 눈으로 새롭게 보게 해 준다. 크리스천이 되
어 그 안에 성령이 거하신다면 이미 새로운 창조가 시작된 것이다.
이렇게 깨어나고 새로워진 우리는 이제 하나님의 메시지를 주변 세
상에도 전해야 한다.

성경은 미국의 풍자 언론사 '디 어니언'(The Onion)보다도 더 신랄한
풍자를 보여 준다. 이사야 40-55장에서 이사야 선지자는 이스라엘의
참된 하나님과 주변 국가들이 만들고 숭배하는 무가치한 우상들을
신랄하게 비판한다. 그의 요지는 비교 자체가 되지 않는다는 것이
다. 그런데도 이스라엘은 하나님이 아닌 다른 신을 따르려고 했다.
44장에서 이사야는 나무토막으로 신을 만들고 저녁식사를 위한 땔
감으로도 사용한 우상숭배자들을 조롱한다.

그들이 알지도 못하고 깨닫지도 못함은 그들의 눈이 가려서 보지 못하며 그들의 마음이 어두워져서 깨닫지 못함이니라 마음에 생각도 없고 지식도 없고 총명도 없으므로 내가 그것의 절반을 불사르고 또한 그 숯불 위에서 떡도 굽고 고기도 구워 먹었거늘 내가 어찌 그 나머지로 가증한 물건을 만들겠으며 내가 어찌 그 나무토막 앞에 굴복하리요 말하지 아니하니(사 44:18-19).

그들은 생각을 하지도 않았으며 생각을 하려는 마음조차 없었다. 내 주변 사람들 대부분은 문화나 예배, 세상을 보는 방식, 우상숭배, 하나님의 진노와 은혜에 대하여 찬찬히 생각하지 않는다. 그들은 아무 생각 없이 살아간다. 그들은 생각 없이 SNS를 본다. 그들은 생각 없이 텔레비전을 시청한다. 그들은 멈춰서 찬찬히 생각해 보지 않는다. 그들로 하여금 멈춰서 생각하게 만드는 것이 크리스천의 임무 중 하나다. 그들이 악몽에서 깨어나 현실로 돌아오게 만들어야 한다. 그들이 정신을 차리게 해야 한다. 우리가 숭배하는 우상들은 지식적으로나 감정적으로나 그 어떤 면에서도 약속을 지킬 능력이 없다. 우상들은 이 세상을 진정으로 만족스럽게 이해하게 해주지 않는다.

크리스천의 임무는 사람들이 자기기만에 대해 멈춰서 생각하도록 만드는 것이다. 자신이 헌신하는 대상, 자신이 귀를 기울이는 대상, 자신이 따르는 이야기와 대본들에 관해서 생각하게 만들어야 한다. 그러면 그들이 예수님께로 가는 것은 시간 문제다.

아무도 멈춰서 생각하지 않는다. 당신은 어떤가? 마지막으로 멈춰서 찬찬히 생각해 본 적이 언제인가? 모두가 열광하는 영화, 방금 읽은 뉴스 기사, 머릿속에서 맴도는 노래에 관해 찬찬히 생각해 봤는가? 크리스천이라고 해서 이 우상숭배적인 이야기들의 유혹에서 자유로운 것은 아니다. 사도 요한이 첫 편지를 어떻게 마무리했는가? "자녀들아 너희 자신을 지켜 우상에게서 멀리하라"(요일 5:21).

우리는 종일 이런 문화에 둘러싸여서 살아간다. 따라서 이 이야기들을 현명하게 소비하는 법을 배워야 한다. 어떤 부분에서 이 이야기들이 진실을 억누르고 있으며 어떤 부분에서 진실이 비치볼처럼 계속해서 수면 위로 떠오르는지를 살펴봐야 한다. 우리는 이런 식으로 문화에 참여해야 한다. 즉 문화적 이야기들의 미끼를 무심코 삼키지 말고 그 이야기들을 통해 계속해서 복음으로 돌아가야 한다.

우리는 문화를 넘어 문화 속의 망가진 이야기들에 맞서야 한다. 그리고 동시에 복음을 그 이야기들에 연결시켜야 한다. 하지만 정확히 어떻게 해야 할 것인가? 곧 이 질문을 다룰 것이다. 그러기에 앞서 좀 까다로운 문제 하나를 짚고 넘어가야 한다.

Chapter 4

문화의 시금석

이런 영화는
봐도
되나요?

문화 참여에 대한 책에서 이런 질문을 본 적이 있는가?

"크리스천은 선정적이거나 폭력적인 방송을 봐도 될까?"

혹시 이번 장을 기다렸는가? 책장을 휙휙 넘기다가 이번 장에서야 비로소 정독하기 시작했는가? 사실, 이번 장을 쓰기를 계속해서 미루었다. 이 질문에 대한 답을 한마디로 요약하면 '상황에 따라서'이기 때문이다. 혹시 실망했는가? 속았다고 생각했는가? 그러지 말고 내 말을 끝까지 들어보라.

"봐도 될까?", "봐야 할까?", "어디까지 가도 될까?"와 같은 질문은 기독교에서 오랫동안 많은 논쟁이 되었다. 최근에는 주로 〈매드맨〉과 〈왕좌의 게임〉 같은 프로그램을 중심으로 논쟁이 벌어진다. 다양한 주장과 반론이 등장했다. 그 주장과 반론의 꼬리 물기를 따라가는 데 지쳤다. 모든 논쟁을 추적하다가는 이런 프로그램을 보고 싶어도 볼 시간이 없다!

이 문제에 관한 신학적 쟁점은 인류 역사만큼이나 오래되었다.

결국 이 쟁점은 '세상에 있되 세상에 속하지 않는 것'의 문제다. 이것은 방종이나 율법주의로 흐르지 않는 미묘한 균형의 문제다. 우리가 이런 논쟁을 벌이는 것은 분명 건강하다는 증거다. 이것을 흔히 '창조적인 긴장'이라고 부른다. 분명한 사실은, 성경의 한두 구절과 블로그 포스트, 몇 번의 토론으로는 이 문제에 대한 최종 결론을 내릴 수 없다는 것이다. 게다가 세대마다 이 문제를 바라보는 시각이 다를 수밖에 없다.

무엇을
보는가?

그렇다면 우리가 무엇을 보는지가 왜 중요한가? 2장에서 우리는 문화에 참여해야 하는 네 가지 이유를 제시했다. 이제 우리가 무엇을 볼지에 대해 신중하게 판단해야 하는 이유를 간단히 살펴보자.

1. 문화 소비자와 창출자로서 우리에게 다른 선택은 없다. 우리는 다양한 문화에 둘러싸여 있다. 우리는 항상 무언가를 볼 수밖에 없다.

2. 우리는 자신의 제자 훈련과 다른 사람의 제자화를 중시한다. 우

리는 삶으로 그리스도를 영화롭게 하고, 남들도 그렇게 되기를
원한다.

3. 우리는 다른 사람에게 예수님을 전해 제자로 삼는 일을 중시한다.
   우리의 문화적 가정들이 우리의 전도 방식에 영향을 미치며, 문화
   는 유용한 도구가 될 수 있다.

4. 그리스도의 대사로서 우리는 만물에 대한 그분의 주되심을 추구한
   다. 그분은 모든 텔레비전과 라디오 프로그램, 팟캐스트, 인스타그
   램 등에서 영광을 받아 마땅하다.

원래 이 네 가지 이유는 서로 조화를 이루어야 한다. 하지만 자칫
이 네 가지를 서로 분리해서 어느 하나에만 집중하고 나머지는 경시
할 수 있다. "봐도 될까?"란 질문에 지혜롭게 답하기 위한다며 이 네
가지 이유들 사이의 적절한 긴장을 유지해야 한다.

이런 긴장은 성경에서 자주 나타난다. 예를 들어, 사도 요한은
"자녀들아 너희 자신을 지켜 우상에게서 멀리하라"(요일 5:21)와 "이 세
상이나 세상에 있는 것들을 사랑하지 말라"(2:15)라고 말했다. 하지만
동시에 그는 예수님이 사마리아 땅에 가서 사마리아 여인과 대화하
는 장면을 묘사하고(요 4장) 예수님이 제자들을 세상 '속으로' 보내신
일을 기록했다(17:18).

또 사도 바울은 "여러 사람에게 여러 모습이 된 것은 아무쪼록 몇 사람이라도 구원하고자 함이니"라고 말했다(고전 9:19-23). 하지만 동시에 그는 제자들에게 지혜롭게 행하고(엡 5:15) 음행을 피하며(고전 6:18) 하나님의 계명과 그리스도의 법을 지키라고 권면하고(고전 7:19; 갈 6:2) "열매 없는 어둠의 일에 참여하지 말고 도리어 책망하라 그들이 은밀히 행하는 것들은 말하기도 부끄러운 것들이라"라고 말했다(엡 5:11-12).

모든 피조물의 주인이요 창조주이신 예수 그리스도는 세리, 창녀, 외국인과 친구가 되신 일로 비판을 받으셨고, 우리에게도 열방을 제자 삼으라고 명령하셨다. 동시에 그분은 "음욕을 품고 여자를 보는 자마다 마음에 이미 간음하였느니라 만일 네 오른 눈이 너로 실족하게 하거든 빼어 내버리라"라고 경고하셨다(마 5:28-29).

답은
상황에 따라
다르다

따라서 긴장은 정상이다. 이는 합법적인 문화 참여가 실제로는 악한 문화적 방종이요 우상숭배라는 점을 판단하는 것이 지혜와 분별력의 문제라는 뜻이다. 그렇다면 무엇을 봐도 되고 무엇을 보지 말아야 할지를 어떻게 알 수 있는가?

상황에 따라 다르다. 획일적인 답은 없다. 모든 프로그램이나 상황에 일률적으로 적용되는 규칙이 없다. 다음과 같은 것들을 고려해야 한다. 첫째, 모든 사람의 '특징'이 다 다르다. 모든 사람이 자신만의 특별한 기질을 갖고 있다. 남녀 차이도 한 부분을 차지한다. 더 정확히 말해, 우리 모두는 리처드 러블레이스(Richard Lovelace)가 말한 "특징적 육신"(characteristic flesh)을 갖고 있다. 특징적 육신은 각자 방황과 자기기만에 빠지기 쉬운 영역을 말한다.

둘째, 모든 사람의 '양심'이 다르고 그 민감성도 천차만별이다.

셋째, '배경'이 차이를 만든다. 우리가 속해 있는 큰 문화와 우리가 맺은 관계들의 그물이 영향을 미친다. 주변 사람들이 다 진흙탕에서 행복하게 뒹구는 경우에는 진흙을 피하기가 좀 더 어렵다. 그들을 구하기 위해 손을 내밀면 우리 옷에도 진흙이 튀기 십상이다.

마지막으로, '공통 감각'(common sense)은 특정한 것들에 대한 판단을 쉽게 만들어 준다. 돈, 섹스, 권력은 우리가 조심해야 할 공통된 영역이다. 우리는 이런 영역에서 세상의 방식에 빠져들지 않도록 우리의 정신을 철저히 지켜야 한다. 하지만 이런 것들은 상대적으로 잘 드러난 위험들이다. 우리는 보다 미묘하지만 똑같이 해로운 다른 것들에 대해서도 조심해야 한다.

예를 들어, 대부분의 크리스천들이 문화의 '성애화'(sexualization)에 대해서 우려한다. 하지만 문화의 '감정화'(sentimentalization)는 어떤가? 감정화는 감정적인 방종이다. 자신의 감정이 가장 중요해지는 것이다. 유명인의 죽음에 대한 대중의 반응에서 이런 현상을 볼 수 있다. 의도에 상관없이 감정화는 사실상 이기적이다. 이는 자신의 감정에만 집중함으로서 자신을 이야기의 주인공으로 삼는다. '남'을 걱정하는 체하지만 사실상 자신만 생각하는 것이다. '남'은 목적을 위한 수단으로 삼는다. 감정화는 진짜 관계에 대한 헌신 없이 대중의 공통된 감정을 경험하게 해 준다. 그런 의미에서 감정화는 지나치게 단순화한다.

냉소적으로 들리는가? 그럴지도 모른다. 어쨌든 요지는 우리가 문화를 소비할 때 조심해야 할 위험은 섹스만이 아니라는 것이다.

종교개혁의 다섯 가지 신학적 구호

이런 것들을 다 고려해야 한다면 어떻게 특정한 예술가나 소설, 텔레비전 프로그램에 대한 실질적인 답을 도출할 수 있을까? 이런 문제에 대하여 생각하다 보면 완전히 방향을 잃은 것처럼 느껴지기 쉽다. 하지만 뒤로 물러나서 전체를 봐야 한다. 나무만이 아니라 숲을 볼 방법이 있다. 방향을 재정립할 수 있도록 도울 수 있다. 그 열쇠는 전혀 뜻밖의 곳에서 발견된다.

2017년은 유럽 전역에서 사람들이 성경의 핵심 진리들을 재발견한 종교개혁 500주년이었다. 그 해 여름 나는 여러 콘퍼런스에서 종교개혁의 다섯 가지 솔라(Sola)에 관한 강연을 의뢰받았다. '오직'을 뜻하는 '솔라'로 시작으로 하는 개신교의 다섯 가지 슬로건이었다. 이 다섯 가지는 바로 오직 성경, 오직 은혜, 오직 믿음, 오직 그리스도, 오직 하나님의 영광이다.

당시 나는 이 강연을 준비하며 씨름하던 21세기의 '문화적 문제'에서 벗어나 16세기로 정신적 휴가를 떠나는 것만 같았다. 그런데 뜻밖에도 이 슬로건들은 문화 참여란 주제와도 깊은 연관이 있었다. 신앙의 핵심인 이 귀한 진리들은 이 시대 크리스천들을 위한 기초요 울타리요 기치가 될 수 있다. 이것들은 우리의 문화 소비와 창출을 평가하기 위한 유용한 기준 혹은 필터가 된다. 나는 이 '솔라'를 우리의 '유일한' 길이라 부른다. 하나씩 차례로 살펴보자.

크리스천의
궁극적 권위,
오직 성경

'오직 성경'은 성경이 크리스천의 궁극적인 권위라는 선포다. 우리는 오직 말씀을 통해 세상을 해석해야 한다. 이는 단순히 성경에 '대하여' 생각하는 것만을 말하지 않는다. 우리는 성경을 '통해서' 생각해야 한다. 즉 다른 모든 것을 '성경적으로' 해석해야 한다. 이때 성경적 생각은 단순히 별개의 구절과 이야기, 진리들을 선별하는 것이 아니라 성경을 깊이 읽고 해석하는 것을 의미한다. 성경은 반복된 구조와 패턴을 갖고 있는데, 그것이 세상을 제대로 보기 위한 렌즈 역할을 한다. 앞서 이런 패턴 몇 가지에 대하여 이야기했지만 그 외에도 더 많다. 그중 많은 패턴이 창세기에서 확립되었다.[1]

텔레비전을 볼 때만 안경을 쓰는 내 딸과 달리 우리는 항상 성경이라는 렌즈를 끼고 세상의 모든 일을 살피고 평가해야 한다. C. S. 루이스는 말했다. "나는 해가 뜬 것을 믿는 것처럼 기독교를 믿는다. 즉 해를 볼 수 있기 때문이 아니라 해를 통해 다른 모든 것을 볼 수 있기 때문에 믿는다."[2] 루이스의 말은 시편 기자의 말과 일맥상통한다. "주의 빛 안에서 우리가 빛을 보리이다"(시 36:9).

앞서 말했듯이, 성경을 통해 세상을 보지 않으면 다른 많은 '큰 이야기들'이 우리를 현혹시키려고 달려든다. 그것들이 우리 사회를 돌아다니며 우주의 최고 해석자인 체한다. 더 정확하게 말하면, 그것들은 우리 사회의 '아래에서' 돌아다닌다. 음악으로 치면 낮게 깔린 저음부다. 이 이야기들은 표면 아래서 조용히 울린다. 그래서 우리가 텔레비전 스크린에서 마구 쏟아져 나오는 표면적인 이야기만 주목한다면 이 이야기들을 놓칠 수밖에 없다. 이 '큰 이야기들'은 무엇이 왜 중요하고, 무엇이 바람직하고 바람직하지 않으며, 바람직한 것을 추구하고 바람직하지 않은 것을 거부하기 위해 어떤 행동을 해야 할지에 대하여 우리를 현혹시킨다. 우리가 이런 다른 이야기들에 '대하여' 잘 생각하지 않는 것은 우리 문화의 사고가 이 이야기들을 따라가고 있기 때문이다. 하지만 때로 우리는 어떤 일이 벌어지고 있는지를 감지한다.

대학에서 첫 학기 동안 지리 공부를 마친 아들의 방에 들어갔더니 학교에서 지정한 필독서 목록의 책들이 바닥에 흩어져 있었다. 대부분이 무신론자 미셸 푸코의 책들이었다. 지식, 권력, 성에 관한 그의 이론들은 지리 연구를 비롯해 우리 사회에 막대한 영향을 미쳤다. 물론 이 이론들은 텔레비전과 미디어와 예술계 인사들에게도 영향을 주었다.

우리가 분별력을 발휘하고 인간 삶과 문화의 번영에 대한 성경의 청사진을 사람들에게 제시하지 않으면 남들이 그릇된 청사진을 내놓을 것이다. 그리고 궁극적으로 이런 이야기들은 하나같이 절망적일 것이다. 따라서 무엇인가를 보고 있거나 볼지 고민할 때마다 다음과 같은 질문을 던지라.

- 왜 다들 이것이 좋거나 중요하다고 생각하는가? 이 사실로 볼 때 그들은 무엇을 중요하거나 옳게 여기는가?

- 나는 왜 이것을 즐기는가? 혹은 나는 왜 이것이 즐겁다고 생각하는가? 이 사실로 볼 때 나는 무엇을 중요하거나 바람직하다고 생각하는가?

- 이것이 성경의 패턴에 비해서 어떤가? 성경이 이런 것을 중요하거나 바람직하게 여기는가? 혹시 이런 메시지가 성경 외의 다른 '큰 이야기'에서 온 것은 아닌가?

모든 것은
그분의 일,
오직 은혜

오직 은혜는 하나님이 우리를 받아 주시는 것이 우리가 '하는' 일 때문이 아니라 그분이 그리스도 안에서 '해 주신' 일 때문이라는 사실을 잊지 않게 해 준다. 우리는 아무것도 기여하지 못한다. 우리의 노력으로는 구원을 얻을 수 없다. 구원은 거저 받는 선물이다.

이것이 문화와 무슨 상관인가? 이는 우리가 보거나 보지 않는 모든 것이 은혜 중심적이어야 한다는 뜻이다. 우리가 무엇인가를 거부하는 동기에서 명령(예를 들어, 거룩해지라)이 진술(예를 들어, 우리는 그리스도 안에서 거룩하다)보다 우선하지 않도록 조심해야 한다. 이 순서가 중요하다. 내가 은혜로만 구원을 받는다면 내 문화적 선택들 이면의 동기는 하나님께 잘 보이거나 나 자신의 가치를 증명해 보이기 위해 규칙들을 지키는 것이 아니다. 오히려 하나님이 나를 위해 이미 해 주신 일로 인해 그분을 사랑하고 영화롭게 하는 것일 수밖에 없다.

또 이 문화적 논쟁에서 우리가 교회의 생존이나 개인의 구원을 잃을 가능성을 걱정한다면 대단히 문제가 있는 것이다. 그것은 마치 하나님이 주무시기 때문에 우리가 운전대를 잡고 긴급조치를 취해야 한다고 생각하는 것과도 같다. 하지만 우리가 은혜로 구원을 받는다면 모든 것은 전적으로 하나님의 손에 달려 있다. 하나님은 주권적이시다. 하나님이 우리 인생의 배를 조종하신다. 우리 아버지께서 키를 잡고 계시므로 그 어떤 텔레비전 프로그램도 우리를 빙산에 부딪치게 만들 수 없다. 물론 신약에서 죄를 경계하지 않는 것은 아니다. 성경은 분명 죄를 경계한다(엡 5:3-6). 하지만 반대 위험도 있다. 마이크 코스퍼(Mike Cosper)가 이 위험을 정확히 짚었다.

먼저 은혜는 그 무엇도 우리에게 영원한 해를 끼칠 수 없다고 약속한다. 또 은혜는 더 좋은 것들, 더 좋은 기준, 우리가 마주치는 것들에 대한 더 좋은 사고방식으로 우리를 이끈다. 이런 과정을 통해 은혜는 우리가 세상에 참여하는 방식을 바꾼다. 율법은 처벌의 위협으로 동기를 유발하는 반면, 은혜는 기쁨의 약속으로 동기를 유발한다. 우리는 초대받은 느낌으로 세상 속으로 들어갈 수 있다. 이것은 우리 아버지의 세상이다. 오늘 무엇을 탐구하고 싶은가?[3]

그래서 우리는 다음과 같은 질문을 던져야 한다.

- 이 문화적 선택 사항 앞에서 내 본능이 거부하라고 말한다면, 그 이유는 무엇인가? 그것이 명령에서 비롯했는가 아니면 진술에서 비롯했는가?

- 잘못된 두려움에 빠져 있는 것인가? 아니면 아버지의 자녀에 걸맞은 삶을 기쁨으로 추구하고 있는가?

그리스도와의 연합, 오직 믿음

'오직 믿음'은 내가 그리스도와 연합하고 그분의 모든 유익을 받기 위한 수단을 생각나게 한다. 이 모든 것은 오직 믿음을 통해서만 가능하다.

이런 유익에는 존 칼빈이 말한 '이중 은혜'(double grace)가 포함된다.

첫째, 첫 믿음을 통해 우리는 하나님과 화목하게 된다. 그리스도의 흠 없는 기록이 우리의 흠 없는 기록이 된다.

둘째, 지속적인 믿음을 통해 우리는 "그리스도의 영으로 성화되어 흠 없고 순전한 삶을 가꾸게" 된다.[4] 이제 우리는 악을 피하기 위해 살금살금 걸어 다니지 않고 살아 있는 믿음으로 적극적으로 선을 행하게 된다. 교회와 지역 사회, 개인들과 가족들, 사회 전체에 복을 더해 주게 된다. "형제들아 너희가 자유를 위하여 부르심을 입었으나 그러나 그 자유로 육체의 기회를 삼지 말고 오직 사랑으로 서로 종노릇 하라"(갈 5:13).

우리의 선한 행위에는 땅을 다스리고 땅에 충만하기 위한 하나의 방법인 문화적 노력이 포함된다. 명심하라. 우리는 단순히 문화 소비자가 아니라 문화 창출자다.

우리가 특정한 텔레비전 프로그램이나 영화의 무익한 측면들을 참고 보는 이유는 좋은 측면들로 인한 상쇄 효과다. 예를 들어, 좋은 스토리와 놀라운 예술 장면 때문에 무익한 측면들을 참으며 보는 것이다. 여기서 몇 가지 답하기 어려운 질문을 던지려 한다. 우리의 문화 창고가 텅 비었기 때문에 세상 문화를 따라가는 것은 아닐까? 우리가 문화를 소비만 하고 창출하지 않는 것은 아닐까? 왜 우리는 세상 못지않게 현실성과 창의성, 정교함, 복잡함, 아름다움을 갖추되 무익한 면들은 없는 더 좋은 이야기들을 내놓지 못하는가? 왜 우리는 재능 있는 크리스천들을 전략적으로 예술계와 언론계로 보내고 지원하지 않는가?[5]

이제 나와 당신부터 시작할 수 있다. 시를 쓰고, 음률을 흥얼거리고, 그림을 그리고, 줄거리를 상상하고, 대본을 쓰라. 소비만 하지 말고 창출한다는 것은 의식적으로 선택한다는 뜻이다. 하루는 24시간이다. 따라서 우선순위를 잘 정해야 한다. 우리의 소셜미디어 습관을 신중히 분석해서 쓸데없는 곳에 정신을 팔지 말고 유익한 곳에 정신을 집중해야 한다.[6] 하지만 굶주린 상상력은 아무것이나 닥치는 대로 먹어치운다.

따라서 "~을 봐도 될까"와 같은 특정한 문화적 선택 앞에서 스스로에게 이렇게 질문해야 한다.

• 내가 이것에서 즐기려는 '보상'은 무엇인가? 내가 타협할 필요 없이 좋은 점만 있는 문화를 창출할 방법이 있을까?

• 문화 창출을 더 많이 하기 위한 시간을 어떻게 낼 것인가? 어떻게 하면 믿음의 형제자매들도 그렇게 하도록 격려할 수 있을까?

죽음과
부활,
오직 그리스도

'오직 그리스도'는 구원이 그리스도의 죽음과 부활을 통해서만 가능하다는 선포다. 그리스도는 우리와 하나님 사이에서 필요한 중재자시다.

앞서 말했듯이 우리는 하나님의 형상을 따라 그분과 영원한 관계를 맺도록 창조된 피조물이다. 우리는 초월을 추구하도록 지음을 받았다. 우리 주변 세상은 '해 아래의' 삶이 전부라는 주장으로 이 진실을 억누르지만, 우리의 초월을 향한 갈망을 없앨 수 없다. 인간이 만든 모든 창조물에서 이 갈망이 드러난다. 주의 깊게 주변을 살피면 이러한 갈망을 쉽게 발견한다. 세상에는 더 깊은 의미에 대한 갈망이 가득하다. 세상은 물질 세상이 전부라고 말하지만, 실제로 그런 것처럼 일관되게 말하고 행동하지 않는다.

하지만 '오직 그리스도'는 여기서 만족해서는 안 된다는 의미를 가진다. 물론 우리 문화는 항상 다른 창조물을 찾는다. 하지만 그 탐구가 예수 그리스도 안에서 완성되지 않으면 우상숭배에서 벗어날 수 없다. 초월이나 믿음, 영성, 유신론에 대한 막연한 생각만으로는 부족하기 때문이다. 구원은 그리스도에 대한 믿음에서만 비롯한다. 사람들이 하나님을 "찾"는다 해도(행 17:27) 쉽게 찾을 수 없다. 마치 그리스 신화에서 눈먼 거인이 더듬거리며 오디세우스 일행을 찾는 것과도 같다.

하지만 2천 년 동안 문화 창출에 앞장서 온 대부분의 사람들은 예수님께 끌렸다. 그들은 예수님이 자신의 정체성과 자신의 역사(희생, 용서, 승리란 주제들)에 관해 인류에게 던진 질문들로 돌아갔다. 모든 문화에는 언제나 진정한 그리스도와의 접점이 있다. 우리는 이 접점을 사용하여 사람들을 그리스도께로 안내해야 한다. 예수 그리스도는 어제나 오늘이나 영원히 유의미하다.

또 '오직 그리스도'란 구호를 통해 우리는 거룩하기 위해 노력해야 한다는 사실을 늘 기억할 수 있다. 베드로전서 1장 17-19절에서 사도 베드로는 우리가 "너희 조상이 물려 준 헛된 행실에서 대속함을 받은 것은 은이나 금같이 없어질 것으로 된 것이 아니요 오직 흠 없고 점 없는 어린양 같은 그리스도의 보배로운 피로 된 것"임을 알기에 '두려움' 속에서 살아야 한다고 말한다.

우리는 거듭남이 중요하지 않은 것처럼 행동하는 것을 두려워해야 한다. 우리는 그리스도의 희생이 시간 낭비인 것처럼 행동하는 것을 두려워해야 한다. 존 파이퍼는 이와 관련해서 실로 섬뜩한 경종을 울렸다. "우리가 불결함을 인정하거나 받아들이거나 즐기거나 추구할 때마다 예수님의 옆구리에 다시 창을 꽂는 것이다. 예수님은 우리를 불결함에서 해방시키기 위해 고난을 당하셨다."[7]

따라서 "봐도 될까?"라는 질문과 씨름할 때 다음과 같은 질문을 던져야 한다.

- 어떤 면에서 이 문화적 산물이 더 깊은 의미에 대한 갈망을 보여 주고 있는가? 여기서 그리스도와의 '접점'은 무엇인가?

- 이 문화적 산물에 대한 나의 태도가 하나님에 대한 '두려움'을 보여 주는가? 이것을 보는 것이 불결함을 인정하거나 받아들이거나 즐기거나 추구하는 것인가? 이것을 보는 것이 그리스도에 대한 나의 태도에 관해서 무엇을 말해 주는가?

창조의 이유,
하나님께
영광!

마지막은 하나님의 영광이다. 이것은 모든 솔라들을 합치고 정리해 주는 접착제와도 같다. 궁극적으로 우리가 할 수 있는 것은 하나도 없다. 모든 것이 하나님께로부터 비롯되었다. 모든 것이 그분의 탁월하심을 드러내고 그분의 영광을 높이기 위해 존재한다. 하나님은 그분의 백성들인 우리 안에서 그리고 우리를 통해서 영광을 받으신다. 그렇다고 해서 그분을 이기적인 과대망상증 환자처럼 생각하면 안된다. 우리가 그분의 영광을 위해서 살아야 하는 것은 우리가 그렇게 할 때 가장 큰 기쁨과 만족을 얻도록 창조되었기 때문이다.

지난 장들에서 우리는 문화 명령과 모든 생각을 사로잡아 그리스도께 복종시키는 것에 관해서 살펴보았다. 우리가 이 일을 잘 감당하고 있는지에 대한 궁극적인 판단 기준이 되는 것이 바로 하나님의 영광이다. 즉, 하나님이 영광을 받고 계신지가 충성스러운 문화 소비와 창출의 궁극적인 시금석이다. 우리는 모든 일을 하나님의 영광을 위해서 할 수 있고 해야 한다. "너희가 먹든지 마시든지 무엇을 하든지 다 하나님의 영광을 위하여 하라"(고전 10:31).

따라서 우리의 마지막 질문은 지극히 간단하다.

"~을 보는 것이 하나님께 영광이 되는가?"

실제적인
네 가지
지침

우리는 넷플릭스에 올라와 있는 수많은 동영상을 보기 전에 스스로에게 질문해야 한다. 더불어 문화를 하나님께 영광이 되는 방식으로 소비하는 데 도움이 되는 실제적인 지침들도 있다.

첫째, '양심'이라는 내적 필터가 있다. 크리스천들은 양심을 하나님이 주신 경고 시스템으로 본다. 성경은 우리가 항상 양심을 거스르지 말고 따라야 한다고 말한다(롬 14장; 고전 8장). 따라서 어떤 것을 보는 것이 꺼림칙하다면 보지 않는 것이 기본 원칙이다. 또한 그리스도 안에서 우리의 자유가 다른 양심을 가진 사람들에게 방해물이 되어서는 안 된다는 점도 잊지 말아야 한다. 우리의 양심으로는 보는 것이 괜찮다 해도 그 일로 눈살을 찌푸릴 수 있는 다른 크리스천 앞에서는 굳이 떠벌일 필요가 없다. "믿음이 강한 우리는 마땅히 믿음이 약한 자의 약점을 담당하고 자기를 기쁘게 하지 아니할 것이라. 우리 각 사람이 이웃을 기쁘게 하되 선을 이루고 덕을 세우도록 할지니라"(롬 15:1-2).

하지만 우리의 양심은 절대적인 기준이 될 수 없다. 우리의 양심은 지나치게 민감할 수도 있고, 망가지고 마비될 수도 있다(딤전 4:2; 히 10:22). 물론 우리의 양심이 도움이 되는 것만큼은 확실하다. 특히, 진리로 다듬어지고 훈련되고 조정된 양심은 큰 도움이 된다.[8]

크리스천 '공동체'라는 외적 필터도 있다. 이것은 서로를 잘 알고 서로가 옳은 길을 가도록 밀고 끌어 줄 수 있는 신앙 공동체를 말한다. 혼자가 아닌 공동체와 함께 보는 것이 좋다. 그렇게 하면 그것을 보기 전과 후에 대화를 하면서 해로운 콘텐츠를 구분할 수 있다. 물론 공동체도 완벽하지는 않다. 스스로를 속일 수 있으니 남들도 얼마든지 속일 수 있다. 하지만 공동체는 분명 도움이 된다.

그 다음에는, 그리스도의 몸인 '교회'가 있다. 주일마다 모이는 것이 '우리끼리의 교제'가 아님을 기억해야 한다. 교회는 전장에서 돌아온 사람들이 힘을 얻고, 다시 전장으로 돌아가는 의무대 막사와도 같다. 교회는 우리의 렌즈를 닦는 곳이다. 우리는 교회에서 하나님이 진정으로 중요하고 바람직하게 여기시는 것이 무엇인지를 다시 상기하고, 성경을 통해 새로운 힘을 얻으며, 더 넓은 세상에서 그리스도를 위해 살 준비를 한다.

또 '우회'가 있다. 좋지 않은 장애물은 피하고 우회하는 것이 상책이다. 우회의 방법은 다음과 같다.

- 손으로 눈을 가리라.
- 손으로 빨리 감기 버튼을 누르라.
- 필터링 프로그램을 이용하라.

다시 말하지만, 이런 방법도 완벽한 보호가 되지 않는다. 솔직히, 빨리 감기나 필터링 프로그램 등으로 다 가지치기를 하고서 보려면 왜 보는가.

마지막으로, 우리가 보지 말아야 한다고 판단한다고 해도 믿지 않는 친구들에게 복음을 전하기 위해서 그 내용을 알 필요성은 있다. 복음 전도를 위해 그것에 관해서 읽을 필요성이 있다. 다만 우리가 그것을 직접적으로 보거나 읽지 않는 모습은 우리가 전도하는 대상에게 우리가 세상 문화와 다르다는 것을 보여 줄 수 있다.

문화적
건강검진의
필요성

이번 장을 마치기 전에 한 가지 도전을 제시하고자 한다. 이번 주에 1시간 정도를 내어 혼자 혹은 친한 사람들과 함께 당신의 문화 소비와 창출을 점검해 보라. 듣고 보고 하는 것을 '다섯 개의 솔라'에 비추어 당신 마음의 건강 상태를 평가해 보라.

당신의 마음이 잘 기능하고 있는가? 운동이 더 필요한가? 어딘가 흐름이 막혀서 어떤 개입이 필요한가? 이런 식으로 문화적 건강검진을 하면 진리로 사람들을 축복해 주면서 문화적 삶을 영위할 수 있을 것이다. 다음 장에서 구체적인 방법을 살펴보자.

Plugged In

Part 2

복음으로

문화에

접속하려면…

Chapter 5

"1세기 바울은 문화를 어떻게 바라보았는가"

허상을 드러내
위의 것을
향하게 하다

마일리 사일러스로 포문을 연 뒤로 많은 것을 다루었다. 이제 모든 것을 정리하고 종합해야 할 차례다. 크리스천들이 문화에 관심을 가져야 하는 이유, 문화가 무엇이며 어떻게 작용하는지를 살펴보았다. 지난 장에서는 제자로서 문화를 소비하고 창출할 때 마음을 바로 세우는 법에 관해 나누었다. 이제 두 장에서는 문화 참여를 위한 실질적인 '방법들'을 살펴보고자 한다. 예수 그리스도의 제자요 대사로서 우리가 문화 참여를 통해 그분을 더 깊이 사랑하고 남들에게 그분을 더욱 분명하고도 설득력 있게 전하게 되는 것이 우리의 목표라는 점을 늘 기억하기를 바란다.

자, 짐을 메고 선크림을 바르라. 그리스 여행을 출발해 보자.

사도 바울과
고린도교회

1세기의 고린도는 다문화가 집결된 상업의 중심지로 더없이 북

적거리던 도시였다. 그 거리에는 그리스 신전과 유대 회당들이 뒤섞여 있었다. 그리고 크리스천이라는 새로운 무리가 일어나기 시작했다. 이 어린 교회를 향해 사도 바울은 다음과 같은 글을 썼다.

십자가의 도가 멸망하는 자들에게는 미련한 것이요 구원을 받는 우리에게는 하나님의 능력이라 기록된 바 내가 지혜 있는 자들의 지혜를 멸하고 총명한 자들의 총명을 폐하리라 하였으니 지혜 있는 자가 어디 있느냐 선비가 어디 있느냐 이 세대에 변론가가 어디 있느냐 하나님께서 이 세상의 지혜를 미련하게 하신 것이 아니냐 하나님의 지혜에 있어서는 이 세상이 자기 지혜로 하나님을 알지 못하므로 하나님께서 전도의 미련한 것으로 믿는 자들을 구원하시기를 기뻐하셨도다 유대인은 표적을 구하고 헬라인은 지혜를 찾으나 우리는 십자가에 못 박힌 그리스도를 전하니 유대인에게는 거리끼는 것이요 이방인에게는 미련한 것이로되 오직 부르심을 받은 자들에게는 유대인이나 헬라인이나 그리스도는 하나님의 능력이요 하나님의 지혜니라 하나님의 어리석음이 사람보다 지혜롭고 하나님의 약하심이 사람보다 강하니라(고전 1:18-25).

구원의
유일한 길을
찾다

몇 년 전 어니 레아(Ernie Rea)가 진행하는 BBC라디오4 프로그램인 '믿음 너머에'(Beyond Belief)에 참여하고자 맨체스터에 다녀왔다. 토론 주제는 '지옥'이었다. 나는 이 주제에 관해 오랫동안 글을 발표해 왔기 때문에 종종 "지옥에 대한 전통적인 시각을 품은 이상한 사람"으로서 강연 요청을 받곤 한다. 그날 나와 토론할 패널은 진보적인 대학의 신학자와 가톨릭 신자 저널리스트였다. 그들은 지옥에 대한 성경적인 시각을 품고 있지 않았기 때문에 우리의 토론은 갈수록 격렬한 논쟁으로 발전했다.

그날 가장 기억에 남는 것은 패널들이 죄에 대해 벌을 내리는 하나님이라는 개념을 야만적이라고 표현했다는 사실이 아니다. 그들이 하나님의 정의에 발끈했다는 사실도 아니다. 그들에 대해 가장 기억에 남는 것은 내가 하나님의 은혜에 대한 이야기를 할 때 그들이 가장 심한 조롱과 비판을 퍼부었다는 사실이다. "엉망진창으로 살고도 죄를 고백하기만 하면 예수님께 용서를 받아 지옥에 가지 않는다는 거요?" 그들은 정의와 은혜가 모두 어처구니없다며 분노했다.

하지만 하나님의 진노와 하나님의 자비가 만나는 것이야말로 기독교 메시지의 핵심이다. 성경 전체에서 이 두 진리가 긴장 상태에서 균형을 이루고 있다. 이것들은 서로 양립될 수 없는 것처럼 보인다. 하지만 예수 그리스도의 십자가 희생으로 모든 것이 달라졌다. 그날 하나님의 진노는 아들 예수 그리스도에게 쏟아졌다. 그래서 이제 그분은 우리에게 긍휼을 베푸실 수 있게 되었다. 이제 그리스도의 죽음과 부활을 믿는 것이 구원의 길이다. 아니, 구원의 '유일한' 길이다.

하지만 이것이 세상 사람들에게는 너무도 이상한 메시지다. "십자가의 도가 멸망하는 자들에게는 미련한 것이요 구원을 받는 우리에게는 하나님의 능력이라"(18절).

왜 십자가의 메시지는 그토록 어리석게 들리는가? 고린도전서 1장 18-25절에서 말하듯이 예수 그리스도의 복음이 '모든' 문화에 맞서기 때문이다. 세상 어디에서도 이 메시지가 이상하게 들리지 않는 곳이 없다. 중죄인들을 위한 나무 십자가에 달려 죽는 구세주라는 개념은 세상의 방식과 철저히 상충한다. 우리라면 이야기를 그런 식으로 쓰지 않을 것이다. 이 이야기는 황당무계하다. 심히 어리석고 꺼려진다. 하지만 하나님은 바로 이런 메시지를 통해 "믿는 자들을 구원하시기를 기뻐하셨다"(21절).

이 메시지의 반문화성과 이상함은 "멸망하는 자들"에게 그것을 전하기가 어렵다는 뜻이다. 우리의 전도에는 복음주의자 리코 타이스(Rici Tice)가 말한 '고통의 선'이 존재한다. 이 선을 넘어야 전도를 할 수 있다. 복음 전파는 언제나 충돌이 일어날 수밖에 없다. 세상을 보는 비신자의 방식과 하나님의 방식은 충돌할 수밖에 없다. 메시지를 순화시키거나 인기 없는 부분들을 가지치기해서 대치를 피하려는 유혹을 뿌리치려면 성령의 도우심이 필요하다. 하나님과 그분의 복음을 부끄러워해서는 안 된다.

제자 훈련에서도 예수님이 제자들에게 요구하신 것을 변경시켜 우리의 삶이 주변의 비신자들과 같아지게 만들지 않도록 조심해야 한다. 우리의 가치가 세상의 가치와 비슷해져서는 안 된다. 안타깝게도, 이런 유혹에 넘어간 사람들이 너무도 많다는 것을 우리는 잘 알고 있다. 자신만큼은 그러지 않기를 위해서 늘 깨어 기도해야 한다.

그리스도를
문화와
연결하다

반면, 대치와 충돌에 대해 전혀 신경을 쓰지 않는 크리스천들도 있다. 그들은 공격을 반긴다. 그래서 그들은 앞에 누가 있건 따지지 않고 모든 죄인들에게 맞는 한 가지 메시지를 한결같이 전한다. "상대가 누군지가 왜 중요해? 복음을 있는 그대로 전하기만 하면 될 뿐." 그들에게 복음을 단도직입적으로 전하지 않는 것은 타협이다. 청중에 따라 십자가의 메시지를 각색하는 것은 복음을 타협해서 그 능력을 흩어버리는 것이다. 복음은 공격이기 때문에 복음을 그럴듯하거나 매력적으로 설명하는 것은 옳지 않다.

하지만 바울은 그렇게 생각하지 않았다. 대신 바울은 두 집단의 두 가지 다른 문화를 지적했다. "유대인은 표적을 구하고 헬라인은 지혜를 찾으나"(22절).

유대인들의 세계관은 능력 중심으로 이루어져 있었다. 그들은 하나님의 크신 능력과 기적적인 표적에 대한 구약의 이야기들을 듣고 자랐다. 두 물 벽 사이로 홍해를 건넌 사건, 여리고 성벽이 무너진 사건, 열국에서 찾아온 왕족들에게 찬사를 들었던 솔로몬 같은 부유한 왕들의 이야기 등 유대인들에게는 힘이 중요했다.

반면, 헬라인들의 문화는 지혜를 중시했다. 그들의 역사는 소크라테스, 플라톤, 아리스토텔레스 같은 탁월한 사상가들로 가득했다. 그들의 문화는 논쟁, 합리적인 주장, 수사학, 철학, 지식으로 이루어졌다. 그들에게는 지혜가 중요했다.

유대인들은 지혜를 찾지 않았고 헬라인들은 힘을 구하지 않았다. 그들은 전혀 다른 문화를 갖고 있었고, 전혀 다른 이야기들에 끌렸다. 그런데 복음 전도에서 청중이 누구이며 어떤 문화적 배경을 가졌는지가 전혀 중요하지 않다면 왜 바울은 이들을 구분했을까?

어쩌면 바울은 단순히 그리스도와 모든 문화의 극명한 차이를 보여 주기 위해 이 두 집단을 구분한 것인지도 모른다. 우리가 힘을 추구하든 지혜를 추구하든 십자가에 달리신 그리스도는 우리와 완전히 다른 분이다. 그래서 그분은 "유대인에게는 거리끼는 것이요 이방인에게는 미련한 것"이다(23절). 그리스도는 모든 문화와 맞서신다. 그런데 다음 구절에서 바울은 놀라운 말을 한다. "오직 부르심을 받은 자들에게는 유대인이나 헬라인이나 그리스도는 하나님의 능력이요 하나님의 지혜니라"(24절).

유대인들이 찾고 있던 것을 바울은 예수님이라고 말한다. 헬라인들이 찾고 있던 것도 바울은 예수님이라고 말한다. 이것이 십자가의 메시지를 이들의 문화에 맞게 변형시킨 것인가? 이것이 유대인들과 헬라인들의 문화적 욕망에 영합한 것인가? 이것이 복음의 능력을 약화시킨 것인가?

전혀 아니다! 다만 바울은 십자가에 달리신 그리스도를 자기 앞에 있는 문화에 '연결시키'고 있다. 그는 어디까지나 십자가에 달리신 그리스도를 전한 것뿐이다. 그는 십자가에 달리신 그리스도가 '거리끼는 것'이고 '미련한 것'이라고 말했다. 십자가의 메시지는 언제나 문화에 맞선다. 분명, 십자가에 달리신 그리스도를 통해 나타난 하나님의 능력과 지혜는 유대인들과 헬라인들이 기대했던 능력이나 지혜와는 상반되었다. 그럼에도 십자가에 달리신 그리스도는 힘과 지혜의 면에서 충분히 이해될 수 있다. 이런 면에서 복음은 유대나 헬라 문화와 연결된다. 유대 크리스천들과 헬라 크리스천들은 둘 다 십자가에서 자신의 문화적 배경과 깊이 통하는 것을 볼 수 있었다. 어떻게 이것이 가능한가?

지금 이 순간 당신이 '유레카'를 외치기를 간절히 바란다. 왜냐하면 영화에서는 주인공의 머릿속에서 모든 조각이 하나로 맞춰지는 순간이 있지 않은가. 자, 그 순간이 다가오고 있다. 지금까지 문화가 무엇이며 어떻게 작용하는지에 대하여 살핀 내용들을 다시 생각해 보라.

- 문화적 산물을 통해 마음속 예배 대상(하나님 혹은 우상들)을 보여 주는 문화 구축자로서의 인간에 관해서 생각해 보라.

- 우리 마음의 '뿌리'와 우리가 창출하고 있는 문화란 '열매' 사이의 관계에 대해 생각해 보라.

- 우상숭배의 본질에 대하여 생각해 보라. 우상숭배란 피조 세계의 좋은 것들을 신으로 삼는 것이다.

- 우상숭배적인 가짜와 진짜 사이의 관계에 대하여 생각해 보라. 우상들이 어떻게 진실에 기생해서 진실의 요소들을 포함하고 있는지 기억하라.
- 피조 세계를 통한 하나님의 메시지에 대해 생각해 보라. 하나님이

우리의 현실을 통해 어떤 메시지를 주고 계신가? 이 세상이 어디로 향하고 있다고 말씀하시는가?

- 우리의 악한 반응에 대해 생각해 보라. 어떻게 우리가 하나님의 이야기를 억누르고, 진짜를 왜곡한 거짓 이야기들로 대체하고 있는가?

모든 조각이 맞춰지는가? 복음이 문화에 어떻게 연결되는지 눈에 들어오는가? 복음과 문화 사이의 이 관계를 한마디로 정리하면 '전복적인 성취'라고 할 수 있다. 복음은 문화의 전복적인 성취이다. 어쩌면 조금 황당하고 복잡하게 들릴 수도 있겠다. 하지만 전혀 그렇지 않다.

복음은 세상이 내보내는 우상숭배적인 이야기들을 전복시키는 동시에 완성한다. 복음은 이 이야기들에 맞서는 동시에 연결된다. 복음은 세상의 이야기들을 해체시키고 전복시킨다. 복음은 세상을 바라보는 새로운 방식을 요구한다. 낡은 방식들은 더없이 쓸모없고 해롭기 때문이다. 복음은 회개하고 십자가라는 더 좋은 이야기를 믿으라는 촉구다. 동시에 복음은 세상의 이야기들에 연결되어 오직 복음에만 우리의 소망을 둘 가치가 있음을 보여 줌으로써 그 이야기들을 완성한다. 복음은 낡은 소망을 새 소망으로 바꾸라는 촉구다. 새 소망이 진짜이고, 거짓 이야기들은 얼룩지고 구겨진 가짜이기 때문이다.

유대와 헬라의 우상숭배적인 문화 이야기에서 '지혜'와 '힘'은 악당들이다. 하지만 예수님이 지혜와 힘을 되찾아 진짜 이야기 속에 둔다면 이것들은 영광스러운 목적에 사용된다. 이것들이 변화되어 십자가 의미를 이해하기 위한 수단들이 된다. 바로 이것이 고린도전서가 의미하는 바다.

우리 문화가 전하는 이야기들과 주제들에 대해서 생각해 봐야 한다. 유대인들은 힘을 추구하고 헬라인들은 지혜를 찾았다. 이제 21세기의 보통 현대인들은 무엇을 찾는가? 자유? 평화? 만족? 지위? 정체성? '당신'은 무엇을 찾고 있는가? 복음이 이 이야기들에 어떻게 맞서고 연결되는가? 십자가에 달리신 그리스도의 메시지가 이 이야기들을 어떻게 전복적으로 완성하는가?

우리에 대하여 분명히 알아야 한다. 어떤 이들은 세상에 맞서는 복음의 측면을 강조하는 교회에서 자랐다. 아울러 단도직입적인 성격을 타고난 사람들이 있다. 그런 사람들은 연결에 관해서 덜 신경을 쓴다. 반면, 대치보다 연결 측면을 더 강조하는 교회에서 신앙생활을 했거나 그런 성격을 타고난 사람들도 있다.

바울은 우리가 '동시에' 이 둘 다를 해야 한다고 말하고 있다. 힘들지만 균형을 이루어야 한다. 그래서 다음 몇 장에 걸쳐서 전복적인 성취의 시각에서 문화를 조명하는 몇 가지 실례들을 살펴볼 것이다.

그러기에 앞서 대치와 연결에 관한 이론만이 아니라 실제에 관해

서 바울에게 한 수 배우는 것이 어떨까 싶다. 자, 다시 차에 타라. 이
번 목적지는 아테네다.

Chapter 6

"1세기 바울은 어떻게 맞서고 연결했는가"

세상 문화를
해체시키고
십자가 소망을 심다

지난 5년간 나는 아이들과 함께 아테네에 있는 선교사 친구들을 방문했다. 그들은 우리 가족이 방문할 때마다 특별히 가고 싶은 곳에 대해 물었다. 그때마다 나는 생각할 것도 없이 아테네의 아레오바고를 외쳤다. 그곳은 사도행전에 기록된 바울의 가장 유명한 설교 중 하나가 전해진 곳이다(행 17장). 우리 아이들은 또 아레오바고냐고 투덜거리지만 나는 아랑곳하지 않는다. 아레오바고는 내 개인적인 순례의 장소가 되었다.

물론 오늘날 그곳에 방문하면 상상력을 동원해야 한다. 지금 그곳은 거대하고 울퉁불퉁하고 검고 반들거리는 돌덩어리에 불과하기 때문이다. 힘들게 올라가서도 아이들이 발을 헛디뎌 언덕 아래로 떨어지지 않도록 조심해야 한다. 하지만 그곳에 도착하면 나는 항상 주변 사람들에게 '실존했던' 사도 바울이 오래전에 '실제로' 설교를 했던 장소에 내가 서 있다고 말한다. 역사적 '현실성'을 생각하면 아드레날린이 마구 솟는다.

바울이 아레오바고에서 전한 설교는 '전복적인 성취'가 실제로 어떤 모습인지를 보여 준다. 우리의 실제 삶은 온갖 우여곡절과 불확실성이 가득해서 언제 어떻게 행동할지 알기 위해서는 지혜가 필요하다. 바울의 이 설교는 교실에서 배운 이론을 실제 삶 속에 적용하게 해 주는 효과적인 실례 역할을 해 준다. 사도행전 17장은 문화 참여가 교과서대로 되지 않는다는 점을 보여 주는 사례다. 사도행전 17장은 문화 참여가 어떻게 우리의 머리와 손, 마음에 영향을 미치는지를 보여 준다.

그래서 감사하다. 이 설교는 시공간 안에서 실제로 이루어졌을 뿐 아니라 살아 계신 하나님이 1세기의 실존 인물인 의사 누가를 통해 기록하게 하셨고 현재의 나에게 큰 도움이다. 성경이 실로 위대하지 않은가? 인생, 우주, 만물에 관한 혼란이 노도처럼 밀려올 때 나는 사랑이 충만하신 아버지가 내게 절대 오류가 없는 길잡이를 주셨다는 사실을 기억한다. 덕분에 나는 21세기의 환경에서 옳은 쪽으로 방향을 다시 조정할 수 있다.

바울의 태도가 주는 도전

두 번째 전도 여행 중 혼자 다니던 바울이 아테네에 도착했다. 그는 친구들에게 아직 베뢰아에 있던 실라와 디모데를 불러오게 요청했다. 그들을 기다리는 동안 바울이 시간을 때우는 여느 관광객들처럼 이 유명한 역사 도시를 배회하며 문화재들을 감상했을까? 그렇지 않다. 16절을 보면 바울이 "그 성에 우상이 가득한 것을 보고 마음에 격분하여"라고 말한다. 구약에서 우리는 하나님이 우상들로 인해 진노하신 모습을 여러 번 볼 수 있다(신 32:16-19). 바울은 마땅히 주님께 돌아가야 할 영광이 우상에게 돌아갔기 때문에 진노했다. 이로 인해 눈앞의 광경에 격분했다. 이 반응은 바울이 아테네에 있는 기간 전체의 배경 음악 역할을 한다. 이후 바울이 아무리 정중하고 열린 태도를 보인다 해도 이 광경에 대한 그의 첫 태도를 잊지 말아야 한다. 그의 첫 태도는 이곳의 문화에 맞서는 것이었다.

그의 태도는 우리에게 두 가지 도전을 준다. 첫째, 포용과 관용, 다문화주의를 표방하는 사회에서 우리가 우상숭배적 문화를 성경의 눈으로 보고 있는가, 아니 성경적인 격분을 느끼고 있는가를 돌아봐야 한다. 새빨개진 얼굴로 언성을 높이라는 말이 아니다. 겉으로는 아닌 것 같지만 속으로는 하나님께 대적하는 모든 것들의 악한 본질을 간파하고서 마음 깊은 곳에서 울분을 느끼는가? 우리 지역과 나라 전체를 둘러볼 때 하나님의 영광을 향한 열정을 느끼는가? 곳곳에 가득한 우상 신전에 슬픔을 느끼는가? 아니면 둔감해져 있는가? 우리가 이 문제들에 대하여 지금보다 더 격분해야 하지 않을까? 우리가 바울의 태도를 품는다면 우리의 사명에 더 강한 긴박감을 느껴야 마땅하다.

둘째, 바울의 격분은 진리를 효과적으로 선포하겠다는 결심과 열정으로 이어졌다. 다음 구절은 이렇게 말한다. "회당에서는 유대인과 경건한 사람들과 또 장터에서는 날마다 만나는 사람들과 변론하니." 바울은 아테네와 그 시민들을 더 이상 상종하지 않고 그들이 계속해서 우상숭배에 빠져 살도록 둘 수 없었다. 대신 그는 전략적이고 계획적인 전도에 돌입했다. 바울의 생애와 복음을 보면 그의 동기는 악의나 교만이 아닌 예수 그리스도를 모르는 자들을 향한 깊은 연민과 사랑이었음이 분명하다. 바울 역시 하나님께로부터 멀어져 방황하던 잃은 양이었다가 감사하게도 부활하신 주 예수 그리스도께 기적적으로 '발견된' 사람이었다.

바울은 우상들의 이야기보다 더 좋은 이야기, 아니 가장 좋은 이야기를 알고 있었다. 물론 그 이야기는 바로 복음이다. 진부한 표현인 줄 알지만, 복음 선포는 한 거지가 다른 거지에게 빵을 찾을 수 있는 곳을 알려 주는 것과 같다. 더 성경적인 표현을 쓰자면, 복음 선포는 깨진 독에서 흘러나와 고인 썩은 물을 핥는 목마른 사람들로 하여금 '멈춰서 생각함으로' 생수를 찾게 만드는 행위다(렘 2:13; 사 44:19).

크리스천은 하나님의 영광과 잃은 영혼들을 향한 열정을 품어야 한다. 우리는 우상숭배와 우상숭배자들로 인해 격분해야 한다. 그리고 그 격분은 문화에 맞서고 연결되기 위해 목소리를 내는 것으로 이어져야 한다.

바울의 접근법과
우리의
접근법

회당과 시장에서 이루어진 바울의 강해는 몇몇 아테네 최고 철학자들의 관심을 끌었다. 그들은 바울을 아레오바고로 초대했고 그의 신앙을 설명하게 했다. 아레오바고는 당시의 대법원이라 할 수 있다. 그때 바울은 무엇을 말했을까?

우리가 보통 예상하는 것과는 달랐다. 우리가 복음 전도 책자에서 흔히 볼 수 있는 자세한 단계별 복음 설명이 아니었다. 바울은 복음의 모든 기본 요소를 다루지 않았다. 하지만 이것은 전혀 문제가 되지 않았다. 왜일까? 바울이 아레오바고로 초대되기 전에 이미 '예수와 부활'을 전했기 때문이다(행 17:18). 바울이 십자가에 달리신 그리스도를 전하고 있다는 것을 그를 초대한 이들은 분명히 알고 있었다.

이 메시지에 대한 반응은 혼란이었다. 시장에서 바울의 말을 들은 철학자들은 그를 깊이 이해하지는 못하고 수박 겉핥기로만 아는 것이 많은 "말쟁이"라고 불렀다(18절). 그래서 아레오바고에서 바울의 목적은 생명과 우주, 만물의 배경 속에서 이 복음을 변론하는 것이었다.

바울이 아레오바고 가운데 서서 말하되 아덴 사람들아 너희를 보니 범사에 종교심이 많도다 내가 두루 다니며 너희가 위하는 것들을 보다가 알지 못하는 신에게라고 새긴 단도 보았으니 그런즉 너희가 알지 못하고 위하는 그것을 내가 너희에게 알게 하리라(행 17:22-23).

이것이 전복적인 성취가 아니라면 무엇이 전복적인 성취겠는가. 바울은 주변 문화를 유심히 살피면서 파고들 방법들을 찾았다. 그는 이 문화적 요새에서 공략할 틈을 찾은 것이다. 그는 듣고 관찰하고 연결되기 위해 노력했다. 그 결과, 아테네인들이 매우 종교적이라는 점을 발견했다. 어느 정도였냐면 그들은 한 신이라도 놓치지 않도록 "알지 못하는 신"에게 바치는 단까지 세울 정도였다. 그래서 바울은 그들의 열린 마음을 공략했다. 그는 신을 알고 적절히 예배하려는 이 문화의 바람과 연결을 시도했다.

하지만 바울의 제스처는 아테네인들의 종교를 인정해 주는 따뜻한 악수가 아니었다. 그는 그들의 우상숭배를 인정하지 않았다. 그의 제스처는 오히려 럭비의 스크럼과도 같았다. 즉 그는 그들을 무지한 자들로 불렀다. 그는 그들의 문화에 맞섰다. 연결과 대치가 바로 전복적 성취다.

이제 생각해 보자. 우리 문화 속에서 '알지 못하는 신'은 무엇인가? 어디서 그것들을 발견할 수 있는가? 기독교에 무관심해 보이지만 실상은 종교심이 많은 자들은 누구인가? 그들을 어떻게 공략할 수 있을까?

이제 바울의 설교가 시작된다.

우주와 그 가운데 있는 만물을 지으신 하나님께서는 천지의 주재시니 손으로 지은 전에 계시지 아니하시고 또 무엇이 부족한 것처럼 사람의 손으로 섬김을 받으시는 것이 아니니 이는 만민에게 생명과 호흡과 만물을 친히 주시는 이심이라 인류의 모든 족속을 한 혈통으로 만드사 온 땅에 살게 하시고 그들의 연대를 정하시며 거주의 경계를 한정하셨으니 이는 사람으로 혹 하나님을 더듬어 찾아 발견하게 하려 하심이로되 그는 우리 각 사람에게서 멀리 계시지 아니하도다 우리가 그를 힘입어 살며 기동하며 존재하느니라 너희 시인 중 어떤 사람들의 말과 같이 우리가 그의 소생이라 하니 이와 같이 하나님의 소생이 되었은즉 하나님을 금이나 은이나 돌에다 사람의 기술과 고안으로 새긴 것들과 같이 여길 것이 아니니라 알지 못하던 시대에는 하나님이 간과하셨거니와 이제는 어디든지 사람에게 다 명하사 회개하라 하셨으니 이는 정하신 사람으로 하여금 천하를 공의로 심판할 날을 작정하시고 이에 그를 죽은 자 가운데서 다시 살리신 것으로 모든 사람에게 믿을 만한 증거를 주셨음이니라(행 17:24-31).

바울은 아테네인들에게 예수님의 복음을 이해시키기 위해서 먼저 그들이 아는 것에 연결된 다음, 그들이 모르는 기본적인 것들을 알려 주어야 했다. 그러고 나서 본격적으로 세상을 보는 기독교의 방식을 설명했다. 여기서 바울은 이렇게 말한다. "좋다. 기본으로 돌아가 보자. 너희 아테네인들이 궁극적인 현실, 창조, 시간, 세상의 끝에 관해 온갖 시각을 갖고 있을지 모르지만, 내가 세상을 어떻게 보는지 들어보라." 이런 기본적인 것들을 바로잡지 않으면 예수님과 그분의 부활을 이해시킬 수 없다고 생각한 것이다.

여기서 우리는 전도를 위한 다음번 도전을 발견할 수 있다. 점점 성경에 대해 무지해져만 가는 이 '포스트 기독교' 시대에 비신자들을 설득하기 위해서는 더 기본으로 돌아가야 한다. 기본적인 것들을 바로잡는 데 많은 시간을 투자한 다음, 그 기본의 바탕 위에서 예수님과 그분의 부활을 이해시켜야 한다. 복음을 듣는 데 방해가 되는 문화적 '방애물'과 '덩치'를 다루어야 한다.

오해하지는 말라. 우리의 목표는 어디까지나 사람들에게 예수님을 제시하는 것이다. 이 준비와 배경 설명이 복음 선포를 '대신할' 수는 없다. 하지만 이것들이 복음 선포를 '뒷받침할' 수는 있다. 그리고 시간이 갈수록 점점 더 많은 시간과 인내와 기도가 필요하다.

한 가지 예를 들어보자. 사람들이 하나님을 믿지 않는다고 말하면 대개 나는 "당신이 믿지 않는 그 신은 나도 믿지 않습니다"라고 말한다. 성경의 살아 계신 하나님과 남들이 '생각하는' 신을 구분하는 것이 매우 중요하기 때문이다. 그래서 우리는 사람들의 오해를 바로잡아 복음 선포의 발판을 마련해야 한다. "자, 당신이 하나님에 대해 어떻게 생각하는지 알겠습니다. 하지만 제가 말하는 '하나님'은 …"

우리 하나님은 어떤 분이신가? 더도 말고 24-31절에서 바울의 요약을 보면 알 수 있다. 그 구절들에서 바울은 기독교 세계관의 기본적인 내용을 기술한다. 이 구절들은 구약의 신학을 고도로 응축한 진술이다. 바울은 만물을 창조하고 지탱하며 다스리는 하나님, 이 피조 세계에 의존하지 않는 하나님을 기술한다. 하지만 동시에 그분은 피조 세계와 상호작용하시는 인격적인 하나님이다. 따라서 그분은 우리가 알 수 없을 만큼 먼 존재도 아니요 피조물과 구분되지 못할 만큼 가까이 계신 분도 아니다.

나아가 바울은 기원과 끝을 가진 직선적인 역사관을 제시한다. 그는 목적을 가진 섭리, 우리가 진리를 "더듬어 찾"게 된 일, 하나님이 참아 주시는 시간과 역사가 지나고 심판이 이루어질 날을 이야기한다.

이 짧은 요약에서 바울이 얼마나 많은 다른 세계관들을 와해시켰는지 아는가? 자, 이제 당신에게 도전한다. 이런 기본적인 요소들을 간단하게 전달할 만큼 성경(복음)을 잘 알고 있는가? 지적이거나 은사가 많은 크리스천들만 이런 것을 알아야 하는 것이 아니다. 모든 크리스천이 이런 것을 알아야 한다. 예수님과 그분의 부활을 선포하려면 신학을 알아야 한다.

바울의

열정적인

호소

바울의 설교는 이 열정적인 호소에서 절정에 이른다.

알지 못하던 시대에는 하나님이 간과하셨거니와 이제는 어디든지 사람에게 다 명하사 회개하라 하셨으니 이는 정하신 사람으로 하여금 천하를 공의로 심판할 날을 작정하시고 이에 그를 죽은 자 가운데서 다시 살리신 것으로 모든 사람에게 믿을 만한 증거를 주셨음이니라(행 17:30-31).

여기서 두 가지에 주목해야 한다. 첫째, 부활을 생각할 때 흔히 우리는 새생명, 새로운 출발, 소망과 기쁨을 떠올린다. 물론 이것들은 모두 참이다. 하지만 31절에서 바울은 부활을 이렇게 사용하고 있지 않다. 여기서 예수 그리스도의 부활은 공정한 심판이 오고 있다는 증거다. 부활은 예수 그리스도가 회복되어 모든 권위를 받으셨다는 가장 강력한 선포다. 그분은 의로운 심판관이요 구주시다. 어떤 '조롱'이 날아오더라도 이 진리가 복음 선포의 중요한 부분을 형성해야 한다(32절).

둘째, 바울은 회개를 촉구하기를 주저하지 않았다(30절). 우상들은 예수님께로 가는 길의 '디딤돌'이 아니다. 기독교는 기존 라이프 스타일에 끼워 넣을 수 있는 추가적인 요소가 아니다. 회개는 우상 숭배에서 예수님께로 완전히 돌아서는 것이다.

여기서 마지막 도전이 나타난다. 감상적이고 '진보적인' 우리 문화 속에서 '회개'와 믿음에 대한 명령과 함께 심판에 관해서 이야기하는 것을 잊지 말아야 한다. 물론 이런 이야기는 반문화적이다. 하지만 우리가 생각하는 것만큼 설득력이 없지는 않다. 물론 우리 문화에서는 권위에 대한 의심이 계속되고 있고, 사실 그럴 만한 상황이기도 하다. 그래서 하나님에 대해서도 많은 사람이 우주의 독재자쯤으로 여긴다. 하지만 예배를 위해 창조된 존재로서 우리 모두는 항상 권위 아래에 있다. 시인 밥 딜런(Bob Dylan)의 말처럼 "너는 누군가를 섬겨야 한다."

예수 그리스도는 피조 세계를 다스릴 힘과 권리를 지닌 왕이시다. 그분 앞에 무릎을 꿇는 자들에게 그분의 멍에는 쉽고 그분의 짐은 가볍다. 순종과 사랑은 행복한 조합이다. 나아가, 모든 인간이 자신의 행위에 대해 책임을 지고 모든 잘못을 바로잡는 심판이 곧 온다는 개념은 사실 '우리 위에 하늘밖에 없는' 세상을 '상상하는' 것보다 훨씬 매력적이다. 역사가 분명한 목적지로 향하고 의미를 지니고 있다는 것이 우리에게는 더 공감이 간다.

그런데 우리는 이런 일에서 절박성을 잃지 말아야 한다. '지금'이 돌아서야 할 시간이다. 너무 늦기 전에 돌아서야 한다. 지금 우리가 하나님의 놀라운 인내 아래서 살고 있지만 언젠가 그 인내는 끝이 날 것이다. 그 거대한 천막이 무너질 날이 올 것이다. 바울이 말했듯이 우상들에게서 돌아서서 살아 계신 참 하나님을 섬기지 않으면 다가올 진노를 피할 수 없다(살전 1:9-10). 창조주에 대한 반역인 죄는 나쁘고 지독히 슬프다. 따라서 아무리 부담스러워도 이 경고를 전하지 않는 것은 가장 무정한 행동이다.

회개를 촉구하면 바울의 경우처럼 다양한 반응을 기대할 수 있다.

그들이 죽은 자의 부활을 듣고 어떤 사람은 조롱도 하고 어떤 사람은 이 일에 대하여 네 말을 다시 듣겠다 하니 이에 바울이 그들 가운데서 떠나매 몇 사람이 그를 가까이하여 믿으니 그중에는 아레오바고 관리 디오누시오와 다마리라 하는 여자와 또 다른 사람들도 있었더라(행 17:32-34).

우리가 복음으로 문화에 맞서고 연결되면 아무리 정중하고 예의 바르게 행동해도 '조롱'하는 이들이 나타날 것이다. 우리에게 어리석거나 편협하다고 손가락질하는 이들이 있을 것이다. 이는 지극히 정상적인 결과다. 반대로 관심을 보이고 다시 한 번 들어보기로 결심하는 이들도 있을 것이다. 이것이 전도가 지속적이고도 개인적인 관계 속에서 이루어질 때 가장 효과적인 이유다.

또한 우리는 사람들에게 예수님을 한 번 이상 전하겠다고 마음을 먹어야 한다. 단, 매번 사람들에게 완벽한 성경 강해를 할 필요는 없다. 때로는 '조금씩 자주'가 더 효과적이다.

하지만 기대 수준을 너무 낮게 잡지는 말라. 기도하면서 열심히 복음을 전하면, 예수 그리스도의 복음으로 사람들의 세계관에 맞서고 연결되고, 믿음으로 반응하는 이들이 분명 나타날 것이다. 그리고 때로 34절의 디오누시오처럼 그 사람들은 전혀 뜻밖의 인물들일 수도 있다.

Chapter 7

"그렇다면 우리는 어떻게 해야 하는가"

세상 속으로 들어가
참 복음을
선포하라

당신이 지금 무슨 생각을 하고 있는지 안다. 방금 당신은 아테네 문화에 맞서고 연결된 바울에 관해 읽었다. 성경 속에 나타난 문화 참여의 실례와 본보기에서 꽤 용기를 얻었을 것이다. 하지만 문제가 있다. 당신이 사도 바울이 아니라는 점이다. 그의 배경이나 훈련, 소명은 당신의 상황과 거리가 멀다. 당신은 하나님의 영광에 대해 그만한 열정도 없다. 당신은 그만큼 대단한 믿음의 소유자가 못 된다. 그런데 어떻게 그처럼 문화에 참여할 수 있는가?

바울의 배경과 우리의 배경은 그야말로 하늘과 땅 차이다. 당신은 권력과 영향력이 집중된 세상의 문화 중심지들을 돌며 지체 높은 양반들에게 복음을 설명하는 순회 선교사가 아니다. 당신의 일주일은 고된 업무를 마치고 저녁 반찬으로 무엇을 할지 고민하고 아이들을 재운 뒤 텔레비전 앞에 쓰러지는 날의 반복일 것이다. 문화 혁명의 전면에 나설 힘도 시간도 없다. 당신이 무엇을 할 수 있을까?

이번 장까지 열심히 달려온 당신에게 작은 비밀 하나를 털어놓겠다. 크리스천들에게 신학과 문화, 변증학을 가르치는 사람으로서 나의 문화적 소비는 형편없다. 여느 학자들과 달리, 나는 그 흔한 블로

그나 팟캐스트 하나 하지 않는다. 트위터도 하지 않는다. 넷플릭스에서 드라마 몇 편을 받아놓기는 했지만 밀린 드라마를 밤새서 보는 타입이 전혀 아니다. 그야말로 텔레비전의 황금기라고 할 만한 시대이지만 이런저런 프로그램들을 봐야 한다는 말을 들으면 부담스럽기 짝이 없다. 음악을 좋아하지만 내 취향은 유행과는 거리가 멀다. 사실, 내 취향은 딱 40대 남자 취향이다.

웨스트 햄 유나이티드FC 경기를 관람하는 것은 거의 가족의 전통과도 같다. 그런데 웨스트 햄이 형편없는 경기력을 보이지 않을 때도 경기장에 갈 때마다 나는 실존적 불안을 느낀다. 매번 경기 도중 5만 명이 넘는 인파를 바라보며 나의 무능력을 실감한다. 복음으로 21세기의 세속적인 이 사람들에게 맞서고 연결되는 것이 얼마나 힘든지를 실감한다.

내게 문화 분석은 쉽지 않다. 여느 사람들처럼 넋이 나가고 귀찮고 어리둥절하기는 마찬가지다. 나 역시 사도 바울이 아니다. 따라서 당신이 이 일에 엄두가 나지 않는다면, 당신만 그런 것이 아니다. 하지만 절망하여 포기하지 말라. 왜냐하면 이 일이 정말 중요하기 때문이다. 당신이 예수님을 사랑하고 그분을 따르기를 원하고 남들에게 그분을 전하는 일을 중시한다면 이 일을 해야 한다. 당신이 인간이라면 당신도 문화적 존재다. 따라서 하나님이 우리에게 어떤 재능을 주시고 우리를 어떤 배경 속에 두셨든지 우리는 이 소명을 충실히 감당할 책임이 있다.

무엇보다도 나는 두 살에서 이십 대까지의 자녀들을 둔 부모이며 여러 세대가 다니는 다문화적인 교회의 장로다. 그래서 우리 아이들과 성도들을 잘 돌보려면 그들이 무엇에 관심이 있는지를 알려고 노력해야 한다. 신학자로서 나는 늘 인류 문화, 특히 우리 문화에 관해 신학적으로 생각하고, 다른 사람들도 문화에 관해 신학적으로 생각하도록 도왔다.

반복하지만 당신과 나는 사도 바울이 아니다. 하지만 감사하게도 은혜의 하나님은 성경을 통해 우리에게 바울과 같은 본보기들을 주셨다. 그들에게서 문화에 성경적으로 참여해서 좋은 열매를 맺기 위한 패턴을 발견할 수 있다. 이것이 이번 장의 나머지 내용이다. 이번 장에서 프로들이 아니라 초심자들을 위한 실질적인 방법을 알려 주고자 한다. 지금 우리는 마라톤을 배우고 있는 것이 아니다. 그보다는 5킬로미터 달리기를 위해 훈련하는 사람들에 더 가깝다. 처음에는 작게 시작해야 한다. 하지만 조금씩 계속해서 강해질 것이다.

제자로서 훈련을 해야 문화에 제대로 참여할 수 있다.

'전복적인 성취'를 위한
네 단계

사도행전 17장에 나타난 바울의 전복적 성취 접근법으로 돌아가 보면 문화 참여를 위한 네 가지 단계를 발견할 수 있다.

1단계. 들어가기 : 세상 속으로 들어가 이야기에 귀를 기울인다. "내가 두루 다니며 너희가 위하는 것들을 보다가…"(23절).

2단계. 탐색 : 좋은 면들, 그리고 그것들과 관련된 우상들을 찾는다. "아덴 사람들아 너희를 보니 범사에 종교심이 많도다. 내가 두루 다니며 너희가 위하는 것들을 보다가 알지 못하는 신에게라고 새긴 단도 보았으니"(22-23절).

3단계. 드러내기 : 우상이 파괴적인 가짜임을 보여 준다. "이와 같이 하나님의 소생이 되었은즉 하나님을 금이나 은이나 돌에다 사람의 기술과 고안으로 새긴 것들과 같이 여길 것이 아니니라"(29절).

4단계. 전도하기 : '전복적인 성취'로서 예수 그리스도의 복음을 보여 준다. "그런즉 너희가 알지 못하고 위하는 그것을 내가 너희에게 알게 하리라"(23절).

이런 '전복적 성취'를 다양한 방식으로 할 수 있다. 일단, 커뮤니케이션을 통해 할 수 있다. 커뮤니케이션에는 믿지 않는 가족과의 사적이고도 지속적인 대화, 기차 안에서 낯선 사람과의 일회적인 대화, 커피숍에서의 일대일 제자 훈련, 영화나 경기 관람 후의 담소, 목사의 설교, 교회 잡지의 기사 등이 포함된다.

공동체를 통해서도 전복적 성취를 할 수 있다. 즉 우리는 말만이 아니라 일상적인 활동을 통해서도 문화를 변화시킬 수 있다. 이를테면 가족, 교회, 직장 안에서 십자가로 말미암는 사랑, 포용, 관용, 환대를 실천할 수 있다.

이야기를 계속하기 전에 한 가지를 분명히 하고 싶다. 여기서 나는 이 단계들을 문화 참여의 '패턴' 혹은 '접근법'으로서 소개한다. 나는 이 단어들을 신중히 선택했다. 여기서는 공식이나 기법을 소개하고 있는 것이 아니다. 이것은 모든 상황에 그대로 적용할 수 있는 방법론이나 구조가 아니다. 왜 그런줄 아는가? 우리는 예측 가능한 면과 예측 불가한 면을 동시에 지닌 실제 인간들과 상호작용하는 것이기 때문에 우리의 문화 참여는 복잡하기 짝이 없다. 따라서 유연성을 발휘할 필요가 있다.

이 네 단계는 문화 참여의 틀을 제공하지만 얼마든지 변형시켜도 좋다. 우리는 철저히 준비해서 행동하는 동시에 변하는 상황에 유연하게 반응할 수 있어야 한다. 미리 계획을 세우되 임기응변을 발휘할 수 있어야 한다. 이 유연성은 이 단계들에 일종의 순서가 있지만 반드시 이 순서대로만 진행할 수는 없다는 뜻이기도 하다.

예를 들어, 사도행전 17장에서 바울은 아레오바고에서 연설하기 전에도 이미 "예수와 부활을 전하"고 있었다(18절). 내가 마지막 단계로 정한 것이 아테네에서는 첫 번째 단계가 되었다! 하지만 아레오바고에서는 예수님, 부활, 회개의 필요성에 관한 선포가 들어가기와 탐색, 드러내기로 시작된 정교한 주장의 대미로서 이루어졌다.

이제 이 단계들을 하나씩 좀 더 자세히 살펴보자.

세상 속으로 들어가
이야기에
귀를 기울이기

먼저 우리는 문화 속으로 들어가야 한다. 특히 우리는 대부분의 사람들이 관계 속에서 잘하지 못하는 것을 해야 한다. 바로 '경청'이다. '들어가기'는 참을성 있게 관찰하고 보고 듣는 것이다. 이것은 성급하게 결론을 내리거나 풍자하지 않고 신중하게 기술하는 것이다. 이것은 공감의 태도로 많은 질문을 던지고 많은 정보를 수집하는 일이다. 문화에 맞서고 연결되려면 우리가 정확히 무엇에 맞서고 연결되려는 것인지를 알아야 한다. 개인적인 판단을 개입시키지 말고 그냥 있는 그대로 기술해야 한다. 이 단계에서는 최대한 관대한 시각을 품어야 한다.

문화적 '텍스트' 혹은 산물에 관한 몇 가지 기본적인 질문을 던지는 것이 도움이 될 수 있다. 이번 장에서 '텍스트'는 항상 글의 형태를 말하지는 않는다. 영화, 텔레비전 광고, 비디오 게임, 인테리어 트랜드, 유행하는 댄스도 책이나 블로그 포스트 못지않게 '텍스트'라고 할 수 있다. 당신이 다루려는 텍스트에 따라 다음 중 불필요한 질문도 있을 것이다. 그래서 사용할 것은 사용하고 참조할 것은 참조하기를 바란다.

- 이 텍스트가 무엇을 말하는가? - 이 텍스트의 이야기와 분위기는 무엇인가? 오감을 사용하라. 외향, 소리, 느낌, 맛, 심지어 냄새는 어떤가?

- 이 텍스트를 누가 썼는가? - 당신이 보고 있는 산물의 배경은 무엇인가? 깊이 파고들라. 무대 뒤로 들어가고 역사를 살펴보라. 이 텍스트의 창출자에 관해서 무엇을 아는가?

- 이 텍스트를 누가 읽는가? - 청중은 누구이며 그들이 어떤 영향을 받고 있는가? 상상력을 동원하라. 이 문화적 텍스트대로 되면 세상은 어떤 모습이 될까? 우리는 어떻게 될까? 이 텍스트는 어떤 영향을 미치고 있는가? 사람들이 이 텍스트를 받아들이고 있는가, 받아들이지 않고 있는가?

이 분석은 조금 복잡할 수 있다. 텍스트, 창출자, 청중 사이의 연결 고리가 중요하기 때문이다. 예를 들어, 할리우드 영화 제작자들은 시사회에서 청중의 반응을 보고서 최종 편집을 하고, 관객 숫자에 따라 후속편의 제작 여부를 결정한다. 그렇게 문화는 항상 변하고 진화한다.

이렇게 분석한 뒤에는 이 텍스트가 거짓 복음 이야기를 전하고 있는지를 판단할 수 있다. 이 텍스트가 다음과 같은 질문에 어떻게 답하는가? 인간으로서 우리는 누구인가? 이 우주에서 우리의 자리는 무엇인가? 무엇이 잘못되었는가? 해법은 무엇인가? 우리가 죽으면 어떻게 되는가?

신학적
렌즈로
탐색하다

다음으로 신학적인 렌즈를 쓰고서 탐색해야 한다. 열린 마음으로 유심히 들었으니 이제 의심의 눈으로 볼 자격이 생겼다. 이 책의 5장에서 그 전까지의 내용을 정리한 부분으로 돌아가 이 텍스트를 분석해 보라.

- 문화적 산물을 통해 마음속 예배 대상(하나님 혹은 우상들)을 보여 주

는 문화 구축자로서의 인간에 대해 생각해 보라.

- 마음의 '뿌리'와 우리가 창출하고 있는 문화 '열매' 사이의 관계에 대해 생각해 보라.

- 우상숭배의 본질에 대하여 생각해 보라. 우상숭배는 피조 세계의 좋은 것들을 신으로 삼는다.

- 가짜와 진짜 사이의 관계에 대해 생각해 보라. 우상들이 어떻게 진실에 기생해서 진실의 요소들을 포함하고 있는지를 기억하라.

- 피조 세계를 통한 하나님의 메시지에 대해 생각해 보라. 하나님이 우리의 현실을 통해 어떤 메시지를 주시는가? 이 세상이 어디로 향하고 있다고 말씀하시는가?

- 우리의 악한 반응에 대해 생각해 보라. 어떻게 우리가 하나님의 이야기를 억누르고, 진짜를 왜곡한 거짓 이야기들로 대체하고 있는가?

이런 분석 뒤에는 다음과 같은 질문을 던질 수 있다.

- 이 텍스트가 빛과 어둠에 담긴 하나님의 메시지를 어떻게 해석하고 재해석하는가?

- 이 텍스트의 참되고 좋고 유익하고 아름다운 점은 무엇인가? 이 텍스트가 어떻게 무익하고 파괴적으로 억압되고 왜곡되는가?

- 이 텍스트가 하나님의 메시지를 긍정적으로 확대하여 우리를 다시 그분께로 이끌어 주는가? 아니면 하나님의 메시지를 부정적으로 억누르고 약화시키고 훼손해서 우리를 인간이 만든 우상으로 이끌고 있는가?

우상이
파괴적인 가짜임을
드러내다

이제 꽤 어려운 단계다. 사람들이 세상의 텍스트가 전하는 문화적 이야기에 관해서 멈춰서 "생각"하게 해야 한다(사 44:19). 이때 세상의 문화적 이야기는 주변 사람들이 흔히 푹 빠져 있는 이야기들이다. 하지만 이 이야기들은 그들을 서서히 죽일 뿐이다. 그들은 깨진 독에서 흘러나오는 물을 마시고 서서히 죽어간다. 어떻게 해야 그들이 자리에 앉아서 우리의 말을 들을 것인가?

사람들이 살아 있는 악몽에서 깨어나도록 신학적인 충격요법을 사용해야 한다. 다시 말해, 날카로운 질문들을 통해 이런 문화적 산물들이 약속한 것을 주지 못함을 깨닫게 해야 한다. 그것들이 참되지도 좋지도 아름답지도 않다는 사실을 알려 주어야 한다. 예를 들어, 다음과 같이 말하라.

- 이것이 당신에게 어떤 도움이 됩니까?

- 왜 이것이 당신에게 그토록 매력적으로 보이는지, 정말 알고 싶습니다.

- 잠깐만 시간을 주시면, 이것을 그런 식으로 보는 것이 옳지 않은 이유를 설명해 주겠습니다. [1]

내 친구 테드 터노(Ted Turnau)의 표현을 빌자면 우리는 우상들의 "설명적 빈곤"(explantory poverty)을 보여 주어야 한다. 다시 말해, 우상들은 그럴듯하게 말하지만 어디까지나 말만 할 뿐이다. 그들은 진짜 답을 알지 못하고, 심지어 그들의 좋은 것조차도 악에 불과하다. 좋은 것이라도 궁극적인 것이 되면 우상이다.

'전복적인 성취'로서
복음
전파하기

마지막 단계는 가장 큰 보람을 느끼는 단계이지만, 내 경험으로 볼 때 이 단계도 이전 단계만큼이나 고통스럽다. 전도는 예수님에 대하여 설명하는 것이다. 하지만 우리의 문화적 분석과 그 배경으로 볼 때 예수님에 관해 정확히 무엇을 어떻게 설명할 것인가?

지나치게 종교색이 강한 유황불 설교를 권하고 싶지는 않다. 외우기 쉽게 정리된 전도 책자의 메시지를 권하고 싶지도 않다. 그보다는 예수 그리스도의 삶과 죽음, 부활, 승천을 바탕으로 세상을 바라보는 새로운 방법을 제시하는 것이 좋겠다.

복음은 세상의 모든 부분에 대해 할 말이 있다. 왜냐하면 복음은 아직 오지 않은 영원한 현실부터 지금 우리가 가족, 지역 사회, 교회 안에서 마주하는 현실까지 모든 것에 영향을 미치기 때문이다. 물론 바울처럼 우리는 십자가에 달리신 그리스도를 전해야 한다. 하지만 언제나 특정한 문화적 이야기 내에서 특정한 질문과 희망, 두려움, 꿈, 갈망에 답하면서 그분을 전해야 한다. 언제나 맞서는 동시에 연결되어야 하기 때문이다.

내가 예전에 가르쳤던 한 학생의 사례를 소개한다.

최근 한 프로 스포츠 선수들에게 믿음에 관해 이야기해 달라는 부탁을 받았다. 나는 먼저 정체성의 문제를 탐구하면서 어떻게 그들의 정체성이 이른 나이부터 남들 즉 교사, 코치, 유소년팀 감독, 프로팀 감독, 대표팀 감독, 미디어, 팬들의 의견에 따라 형성되어 왔는지를 설명했다. 그들은 자신의 가치가 성과에 따라 결정된다고 생각한다. 그래서 나는 이런 것에서 기쁨이나 만족, 궁극적으로는 자신의 정체성을 얻으면 실망할 수밖에 없다는 점을 이해시키기 위해 노력했다. 한 선수는 내 말에 동의한다면서, 그래서 자신은 운동에 모든 것을 걸지는 않는다고 말했다. 그의 '믿음'은 자신의 가족에게 있었다. 나는 가족도 궁극적으로는 그를 실망시킬 수밖에 없는 이유를 설명했다.

그러고 나서 그리스도만이 삶과 정체성의 확실한 기초인 이유를 설명했다. 나는 가족, 감독, 팬, 미디어의 요구에 끝없이 부응해야 하고, 상황이 나빠지면 거짓말을 하고 숨길 수밖에 없다고 말했다. 하지만 그리스도는 우리의 가장 추악한 부분까지 다 알고도 상관없이 받아 주신다. 사람의 의견과 사랑은 변덕스러워서 우리의 성과에 따라 변한다. 하지만 그리스도는 우리를 무조건적으로 받아 주신다. 그래서 우리는 그리스도로 인해 솔직하고 겸손하게 살아갈 수 있다. 자신을 중심에 놓은 삶은 하나님이 기뻐하시지 않는다는 점을 보여 주었다. 이런 것을 회개해야만 그리스도 안에서 안정을 찾을 수 있다.

한 선수는 내게 크리스천이 되려면 어떻게 해야 하냐고 물었고, 또 다른 선수는 복음을 알고 싶어 했다. 만약 내가 "하나님이 만물을 다스리시고 당신은 죄를 지어서 지옥을 갈 수밖에 없으니 빨리 회개하는 편이 좋을 것이다"라는 식의 흔한 접근법을 사용했다면 이런 결과는 나오지 않았을 것이라고 100퍼센트 확신한다.[2]

복음 선포,
이제
당신 차례다

이제 당신이 해 볼 차례다. 혼자서 해도 좋고, 친구들과 함께 해 보면 더욱 좋다. 즐거운 시간이 될 것이라고 장담한다. 하나의 문화적 '텍스트'로 이런 활동을 해 보면 자신감이 생겨 다른 여러 주제들도 분석할 수 있게 된다. 모두에게 맞는 문화적 사례들을 찾는 것은 매우 힘들다. 아니, 불가능한 일이다. 그래서 내가 고른 사례가 마음에 들지 않으면 얼마든지 다른 사례를 찾아보아도 좋다.

나는 영국 전체를 열광의 도가니에 빠뜨렸던 2018년 축구 월드컵 직후에 이번 장을 쓰고 있다. 영국 사람들에게 지난 몇 주간은 비현실적인 시간이요 한 국가를 뒤흔든 '문화적 순간'이었다. 가레스 사우스게이트가 젊은 피들로 꾸린 대표팀이 1990년 이후 처음으로 준결승까지 연승가도를 달리며 모두의 기대를 뛰어넘자 온 나라가 축구 열풍에 휩싸였다(2014년에는 심지어 조별 예선에서 탈락했다).

축구팀의 행보에 대한 관심이 증가한 중심에는 "(우승 트로피가) 고향으로 오고 있다"(It's coming home)라는 슬로건과 응원가가 있었다. 말 그대로 수백만 명이 이 구호를 외쳤다. 그래서 이 슬로건을 통해 많은 사람이 경험한 한 문화적 현상을 기술하고 분석하고자 한다. 이번 장의 앞에서 소개한 네 단계(들어가기, 탐색, 드러내기, 전도)를 사용할 것이다.

분명히 할 점은 내가 당신을 위해 이 분석을 하는 것이 아니다. 다만, 당신의 분석에 도움이 될 만한 질문과 힌트들을 제공할 생각이다. 그 다음에는 당신이 스스로 뇌와 펜, 컴퓨터를 사용해야 할 것이다.

이런 일반적인 분석을 하면서 구체적으로도 생각해 보기를 바란다. 예를 들어, 축구 열풍에 사로잡혔던 친구나 가족을 떠올려 보라. 그들에게 복음에 대해 무엇을 말할 것인가? 그들의 문화와 어떻게 맞서고 연결될 것인가? 나중에 텔레비전이나 신문 기사로 잉글랜드의 경기들을 봤다면, 경기가 진행될 당시라면 당신이 어떻게 반응했을지 생각해 보라. 당시 당신이 이 책의 내용을 알았다면 주변 사람들을 어떤 식으로 전도했을까? 당신이 분석한 내용을 놓고 기도하면서 마무리하면 좋지 않을까?

당신이 이번 분석을 계기로 문화 분석에 흥미가 생기기를 바란다. 이 사례로 분석을 해 본 뒤에는 당신이 관심이 있는 다른 것으로 시도해 보라. 친구나 가족들이 관심을 가지는 것을 선택해도 좋다. 네 단계를 사용해 보라. 이번이 정기적인 문화 워크숍의 출발점이 된다면 더욱 좋을 것이다. 믿지 않는 친구들을 초대해서 함께 이야기를 나누어도 좋다. 물론 처음에는 쉽지 않을 것이다. 이런 문화적 분석이 당신에게는 반문화적일 것이다. 하지만 해 보면 점점 실력이 늘 것이라 믿는다.

세계방방곡곡에서 그리스도와 그분의 영광을 위해 문화에 참여하는 제자들의 모습을 상상해 보라. 그러고 나서 과감하게 한번 도전해 보라!

"우승 트로피가
고향으로 오고 있다"

대중문화의 깊은 곳을 볼 때는 유심히 살펴봐야 한다. 깊은 곳에 많은 이들의 욕망들이 뒤섞여 있기 때문이다. 대중문화 속에서 우상숭배가 보인다면 그것은 사회에 널리 퍼져 있는 고통과 병을 보는 것과 같다. 그것은 문화 전체에서 나타나는 타락의 기만적이고 끔찍한 영향을 보는 일이다. 좋은 면이 보인다면 그것은 잠시나마 치유되고 깨끗해진 문화, 사람들에게 진리를 말씀하시는 하나님, 그분이 처음 의도하셨던 대중문화를 엿보는 것이다. 이것이 내가 대중문화의 소리를 듣는 것이 중요하다고 생각하는 이유다. 대중문화에서 우리는 적나라하게 드러난 대중의 욕망을 본다. 그리고 이것에 기독교적 반

응이 필요하다.[3]

"고향으로 오고 있다"라는 슬로건은 라이트닝 시즈와 코미디언 프랭크 스키너와 데이비드 바디엘이 부른 '세 사자들'(Three Lions-축구가 고향으로 오고 있다)이란 노래에서 비롯했다. 원래 영국이 유러피언 챔피언스리그를 개최한 것을 기념하여 발표된 이 곡은 2018년 월드컵 당시 영국 싱글 차트 1위에 다시 올랐다.

먼저 가사를 읽고 유튜브로 음악을 듣거나 뮤직 비디오를 보라. 유명한 가사는 이것이다.

고향으로 오고 있다. 고향으로 오고 있다. 오고 있다. 축구가 고향으로 오고 있다.

1단계. 들어가기 : 세상 속으로 들어가 이야기에 귀를 기울이기

이 텍스트와 월드컵 경험 전체 속의 주된 주제들에 관해 생각해 보라. 어떤 이야기가 어떤 식으로 전해지고 있는가?

영국이 준결승전에 올랐던 월드컵 당시 게리 파킨슨(Gary Parkinson)은 이 노래를 역사적, 문화적, 음악적으로 자세히 분석한 글을 썼다. 그 글의 처음과 끝에서 아래와 같이 일부를 발췌했다. 좋은 힌트가 되지 않을까 싶다.

여느 팝송들처럼 '세 사자들'은 사랑과 상실에 관한 노래다. 또한 문화적 정체성, 갈망과 소속, 사람들과 장소, 국가 정체성, 과거의 돌이킬수 없음과 미래의 가능성에 관한 노래이기도 하다. 이것은 속으로 실망스러운 결과를 기대하는 잉글랜드 사람들의 특징을 담은 노래다. 핑크 플로이드(Pink Floyd)의 앨범 '달의 어두운 면'(Dark Side of the Moon)에 수록된 곡의 표현을 빌자면 "조용한 자포자기 속에서 겨우겨우 버티는 것이 영국적인 방식이라네." 노골적인 비관론이라기보다는 지금까지 줄곧 내리막길만 걷다가 생긴 작은 당혹감이다. 실제로 축구만 그런 것이 아니다. 산업혁명 이후의 쇠퇴에 관한 비슷한 감정이 국가의 모든 분야에 흐르고 있다. 세계대전과 빅토리아 시대를 거쳐 워털루 전투와 산업혁명, 역사의 태동기까지 거슬러 올라가는 역사적, 국가적 자긍심이 20세기 말에 와서 상실되었다. 물론 이것은 어디까지나 축구에 관한 이야기다.

(이 노래는) 문화적 시금석이다. 이것은 공격적이지 않고 포용적이다. 전쟁과 싸움에 관한 노래가 아니라 꿈에 관한 노래다. 이 노래는 술주정뱅이들이 길거리에서 자주 부르기는 하지만 대개는 자신의 개성이나 남성다움을 과시하기 위한 시도가 아니라 대규모 합창으로 이루어진다. 분노에 찬 음성으로 불러 보라. 이상할 것이다. 누구든 그렇게 하는 사람은 완전히 헛다리짚은 것이다.

브로디의 말이 옳다. "이것은 모든 끔찍한 것을 잠시 잊고서 어릴 적좋아하던 축구팀을 응원하던 시절로 돌아가는 매우 감정적인 순간이다. 장례식장에서든 축구 경기장에서든 날 것 그대로의 감정이 폭발

하는 순간, 사람들은 함께 노래를 부른다. '세 사자들'에는 그런 느낌
이 있다. 모두가 함께하고 있다는 느낌, 모두가 함께 꿈을 꾸고 있다
는 느낌."

'세 사자들'은 영국인 특유의 기질을 노래함으로써 이런 단합을 이끌
어 낸다. 이것은 참을성 있게 기다리면서 간절히 바라는, 거의 풍자적
이기까지 한 국가적 특징에 관한 노래다. 이것은 위대함의 가능성에
관한 노래일 뿐 아니라 서로를 연합시키는 행복과 축하에 관한 노래
이기도 하다. 이것은 공감과 공동체, 사랑, 희망, 꿈에 관한 노래다. 이
런 것이야말로 인간을 인간 되게 하는 것이며, '세 사자들'을 그토록 인
기 있고 완벽하게 만드는 요인이다.[4]

월드컵, 특히 이 슬로건과 잉글랜드팀, 가레스 사우스게이트에
대한 논의들에서 자주 사용되는 단어들(예를 들어, 운명, 숙명, 구속)도 눈
여겨볼 필요가 있다. 이 외에 고려해야 할 배경적 요인들에는, 영국
전역을 휩쓴 무더위, 고위급 관리들의 사임을 야기한 브렉시트 논의,
임박한 트럼프 대통령 방문 등이 있다.

《더 선》(The Sun)지는 다음과 같은 통계를 다루었다.

잉글랜드가 준결승전에서 크로아티아에게 패한 경기를 ITV로
3,090만 명이 시청했다. 이는 1986년 드라마 이스트엔더스에서 덴과
앤지 와츠 부부가 이혼했을 때의 시청자 숫자인 3,015만 명을 추월한

숫자다. 이보다 시청률이 더 높았던 것은 1966년 월드컵 결승전과 다이애나 왕비의 장례식 방송뿐이다. 하지만 둘 다 BBC와 ITV 모두에서 방송되었다. 크로아티아전의 시청자들은 ITV 시청자 2,660명과 ITV Hub를 통한 온라인 시청자 430만 명으로 이루어졌다. 잉글랜드 텔레비전 시청자의 80퍼센트 이상이 이 경기를 보았고, 2,430만 명이 처음부터 경기 종료 휘슬이 울릴 때까지 시청했다. 공개 장소에서 시청한 사람들을 제외했기 때문에 실제 시청자는 훨씬 더 많을 것으로 추정된다.[5]

누가 이것을 썼는가? 이 노래의 이면에는 누가 있었는가? 그들과 그들의 배경에 관해서 무엇을 아는가?

누가 이것을 읽는가? 이 노래를 듣는 사람들은 누구이며 그들이 어떤 영향을 받았는가? 이 문화적 텍스트대로 되면 세상은 어떤 모습이 될까? 우리는 어떻게 될까? 이 텍스트는 어떤 영향을 미치고 있는가? 사람들이 이 텍스트를 받아들였는가, 받아들이지 않았는가?

추가 질문을 해 보자. 만약 내가 '세 사자들'이 찬송가이거나 '(우승 트로피가) 고향으로 오고 있다'라는 문구가 기도문이라면 어떤 생각이 들었겠는가?

질문에 대한 힌트로 월드컵 준결승전 패배 이후 상황에 대한 한 언론의 반응을 소개한다.

모스크바 시계가 밤 10시를 지난 후, 영국은 1966년 이후 처음으로 월드컵 결승을 목전에 두었지만 그 모든 꿈이 물거품이 되었다. 그렇게 이 역사적인 도시는 절망과 실망의 익숙한 감정에 다시 젖어들었다. … 상처의 세월이 이어질 것이다. 지난 달 동안 러시아에서 잉글랜드의 성적이 낳은 그 모든 낙관론은 사라지고, 오랫동안 지워지지 않을 강렬한 상실감만 남았다(BBC, 필 맥널티).

패배 이후 영국 대표팀이 이런 트윗을 올렸다.

우리를 지지해 주신 모든 분께.
이번에는 다를 것이라고 믿어 주신 모든 분께.
꿈꾸기를 두려워하지 않은 모든 분께.
이것이 시작일 뿐이라는 것을 아는 모든 분께.
감사를 표합니다. 저희가 여러분께 자랑스러운 대표팀이었기를 바랍니다.
#threelions

켄 얼리는 《아이리시 타임스》(*Irish Times*)에 기고한 글에서 '고향으로 오고 있다'가 풍자적인 유머에서 오만한 예상으로 변했고, 그것이 크로아티아 선수들에게 열심히 뛸 동기를 제공했다고 주장했다.

'(우승 트로피가) 고향으로 오고 있다'는 자기비하적인 유머로 시작해서 급속도로 전 세계로 퍼지는 동안 자기비하적인 요소가 빠진 다른 것으로 변했고, 결국 그것이 크로아티아 선수들의 분노를 일으켜 잉글랜드를 무너뜨리게 했다. 결국 웃지 못한 것은 잉글랜드인들뿐이다. 이제 그들은 무엇을 해도 이길 수 없을 것처럼 무너졌다. 하지만 사실 이번에 잉글랜드팀은 평균 이상으로 잘했다.

준결승전 전에 뉴 아이덴티티 타투 스튜디오는 페이스북에 이런 글을 올렸다. "잉글랜드의 4강 진출 기념으로 이번 주 내내 '고향으로 오고 있다' 문신을 무료로 해 드립니다!"

영국 가정 폭력 센터는 월드컵 준결승전에 앞서 '잉글랜드가 맞으면 그녀도 맞는다'라는 캠페인을 열었다. 이 캠페인은 잉글랜드 경기가 있을 때 가정 폭력이 26퍼센트 증가하고 잉글랜드가 경기에서 질 때 38퍼센트 증가한다는 점을 강조했다.

2단계. 탐색 : 장점들, 그리고 그것들과 결부된 우상들 찾기

이 '텍스트'가 빛과 어둠에 담긴 하나님의 메시지를 어떻게 해석하고 재해석하는가? 이 텍스트의 참되고 좋고 유익하고 아름다운 점은 무엇인가? 이 텍스트가 어떻게 무익하고 파괴적으로 억압되고 왜곡되고 있는가? 이 텍스트가 하나님의 메시지를 긍정적으로 확대하여 우리를 다시 그분께로 이끌고 있는가? 아니면 하나님의 메시지를 부정적으로 억누르고 약화시키고 훼손해서 우리를 인간이 만든 우상으로 이끌고 있는가?

고려해야 할 주제들을 생각해 보는 것이 도움이 된다. 공동체, 공동체 경험, 고향, 소속, 정체성, 희망, 국가 정체성이 있겠다.

3단계. 드러내기 : 우상이 파괴적인 가짜임을 보여 주기

어떻게 해야 사람들이 텍스트가 전하는 이야기에 관해서 찬찬히 생각하도록 만들 수 있을까? 그들이 꿈에서 깨도록 어떤 충격요법을 써야 할까? 어떻게 해야 그들이 이 텍스트의 '설명적 빈곤'을 볼 수 있을까?

조금은 뻔한 말이지만 결국 우승컵은 고향으로 오지 않았다. 패배 이후의 상황은 어떠했는가를 생각해 보라.

4단계. 전도 : '전복적인 성취'로서 예수 그리스도의 복음 보여 주기

복음이 어떻게 이 텍스트에 맞서고 연결되어 전복적 성취를 이루는가? 구체적으로 생각해 보라.

잉글랜드가 스웨덴과 8강 경기를 치르던 날인 7월 7일, 조니 아이비가 《에어스 매거진》(*Heirs Magazine*)지에 쓴 다음의 짧은 글이 도움이 될 것이다.

잉글랜드 사람들이 자신들을 어떻게 생각하는지가 축구 A매치 때만큼 분명해질 때가 없다. 라이트닝 시즈의 히트곡은 이 점을 잘 지적한다. … 현대 심리학은 이것을 자존감의 문제라고 말한다. 우리는 자신을 정말 낮게 본다. 자신감 넘치는 호주인들이나 미국인들과 비교해 보라. 그들은 "날려 버릴 것"이라고 말하지 않는다. 그들은 이길 것이라고 말한다. 하지만 우리는 어쩌면 이길지도 모른다. 하지만 어쩌면 승리를 날려 버릴지도 모른다.

한번은 한 미국인이 내게 영국 문화의 대표는 겸손이라고 말했다. 하지만 높은 자존감이나 낮은 자존감을 교만이나 겸손과 혼동해서는 곤란하다. 높든 낮든 자존감은 자신을 바탕으로 한다. 교만에서 비롯한다. 자존감은 자신의 능력이나 무능력과 관련이 있다. 이런 자존감은 불안하다. 잉글랜드가 콜롬비아를 꺾자 전문가들은 침울함에서 "우승컵이 고향으로 돌아오고 있다!"라는 합창으로 갑자기 선회했다.

자존감은 우리의 성과를 바탕으로 한다. BBC 스포츠는 가레스 사우스게이트의 인스타그램 사진과 함께 이 점을 정확히 짚었다. 그 글의 제목은 '구속'이었다.

자존감은 불확실한 경기다. 비난이냐 구속이냐가 우리의 성과에 달려 있다. 1996년 사우스게이트가 독일전에서 놓친 페널티킥에 달려 있다. 우리의 자존감은 라이트닝 시즈의 노래처럼 급변한다.

하지만 그리스도 안에서 우리의 정체성은 그렇지 않다. 하나님의 은혜는 모두를 평등하게 만든다. 교회에서는 승자도 패자도 없다. 우리는 패자이지만 그리스도의 승리가 우리의 것이다(골 2:15). 누구도 좋은 성과로 자격을 얻지 않고 누구도 낮은 성과로 제명되지 않는다. 순종할 때 우리는 그 순종의 기쁨으로 예수님을 찬양한다. 불순종할 때 우리는 회개하며 그리스도의 완벽한 의를 입고 있다는 사실에 대해 감사한 마음으로 그분을 찬양한다(고후 5:21).

그래서 오늘밤 잉글랜드가 이기든 지든 구속은 확실하다. 우리의 정체성은 사라지지 않는다. 우리는 축하하되 교만해지지 않고, 실망하되 무너지지 않을 수 있다.[6]

마지막으로, 다음 질문에 대하여 답해 보라. 이 주제와 관련해서 당신이 아는 사람들과 구체적으로 어떻게 상호작용할 것인가? 어떤 대화를 할 것인가? 페이스북에 뭐라고 쓸 것인가? 그 외에 어떤 커뮤니케이션 수단으로 그들과 상호작용할 것인가? 어떻게 해야 대화를 이어갈 수 있을까?

당신이 이 분석을 하면서 생각한 주제들과 사람들에 관해서 기도하라.

각자의 방식으로
문화에
참여하라

이제 문화 참여에 대한 이야기가 막바지에 달했다. 지금까지 당신은 문화 참여의 이유와 이론, 성경의 사례들을 살펴보고, 심지어 직접 문화를 분석해 보기까지 했다. 지금쯤 당신이 문화에 참여할 수 있다는 사실, 아니, 이 땅을 정복하고 이땅에 충만하고 우상을 멀리하기 위해서는 반드시 문화에 참여해야 한다는 사실을 받아들였으리라 믿는다. 문화 참여는 크리스천의 삶에서 하면 좋은 선택 사항 정도가 아니라 반드시 순종해야 할 성경의 명령이다.

이 마지막 부분에서 나는 어떤 식으로 기독교 문화 분석을 할 수 있는지를 보여 주고자 한다. 세속적인 세계관에 따라 대학들에서 행해지는 학문적 분석에 맞서기 위해 이런 문화 참여가 반드시 필요하다.

내가 아는 어떤 교수도 논문 채점을 좋아하지 않지만 내가 오크힐신학교 학생들에게 내주었던 문화 분석 숙제를 검토하는 일은 즐거움 그 자체였다. 이 학생들 대부분은 전에 신학적 문화 분석을 해 본 적이 없었다. 그래서 그들은 이 책에서 소개된 도구들을 사용하여 현재의 텍스트나 트렌드를 문화적으로 분석했다. 텍스트나 트렌드는 각자 마음대로 선택하게 했다. 지난 10년간 내가 평가한 수백 편의 논문 주제는 일상적이고 빤한 것에서 독창적인 것과 황당한 것까지 다양했다. 물론 논문의 수준도 천차만별이었다. 하지만 거의 모든 논문에서 새로운 것을 배울 수 있었다. 예수 그리스도의 복음으로 문화에 맞서고 연결될 수 있는 새로운 방식에 대한 아이디어를 하나 얻을 때마다 그 기쁨은 말로 표현할 수 없었다. 더 흥분되는 것은 예수 그리스도의 제자들인 내 학생들이 전보다 더 날카롭고 철저히 성경적인 렌즈로 세상을 해석하기 시작하는 모습을 보는 것이다.

　이어지는 네 가지 사례는 내가 최근 학생들에게서 받은 분석 보고서를 수정한 것이다. 나는 그 분석들을 편집하고, 우리가 앞서 살폈던 들어가기, 탐색, 드러내기, 전도의 네 단계를 사용해서 다시 정리했다.

　자, 우리는 모두 다르다. 다른 재능과 능력을 갖고 있다. 그래서 우리는 각자 다른 방식으로 문화에 참여할 수 있다. 이 사례들은 다소 학문적이다. 그렇다 해도 깊이 있는 사회적 분석에 관심이 있다면 이 사례들에서 많은 것을 배울 수 있을 것이다.

　사회적 분석에 관심이 없다 해도 상관없다. 하지만 또 아는가? 관심이 생길지. 시도해 보지 않고서는 알 수 없는 법이다. 스릴 넘치는 롤러코스터가 곧 출발할 테니 안전벨트를 단단히 매라. 롤러코스터의 이름은 영화, 컬러링북, 자연, 타문화이다.

Plugged In

Part 3

문화 크리에이터로서

예수 복음으로

세상을 리뷰하다

Chapter 8

좀비 영화

죽은 자가
산 자를 잡아먹는 세상에
생명을 불어넣으라

2011년 10월 23일, 텔레비전에서 3천 명의 좀비가 영국 브라이튼 거리를 점거했다는 뉴스가 흘러나왔다. 완전 가짜 뉴스는 아니었다. 습격은 진짜였다. 하지만 좀비들의 습격은 아니었다. 거리에 나온 자들은 사실 유행하는 좀비 플래시몹(ZomMob; 불특정 다수인이 정해진 시간과 장소에 모여 주어진 행동을 하고 곧바로 흩어지는 것-편집자주)에 참여한 3천 명의 좀비 광팬들이었다.

좀비 플래시몹은 남녀노소를 막론한 다양한 사람들이 좀비처럼 차려입고 대도시들의 거리에서 "발을 질질 끌며 걷는" 행사다. 한 기사는 "이것은 … 죽은 자가 실제로 행진할 수 있다는, 최소한 문화적으로는 그럴 수 있다는 … 가장 최근의 증거다"라고 말했다. 지난 50년 사이에 좀비를 언급한 문학이 급성장을 이루었다. 이 문화적 현상 이면에는 어떤 매력이 있는 것일까?

영화 감독 조지 A. 로메로가 〈살아 있는 시체들의 밤〉(Night of the Living Dead), 〈시체들의 새벽〉(Dawn of the Dead), 〈시체들의 날〉(Day of the Dead) 같은 영화에서 그린 좀비 '롬좀'(Romzom)을 집중적으로 분석하고자 한다. 로메로는 현대 좀비 영화의 아버지로 불린다. 미국의 영화감독

인 투히(Twohy)는 로메로로 인해 "좀비가 완전히 달라졌다"라고 말했다.[1]

들어가기

죽은 자가 산 자를 잡아먹는다는 개념은 전혀 새로운 것이 아니지만[2] 1968년에 개봉한 〈살아 있는 시체들의 밤〉은 이 개념을 좀비의 형태로 상상한 첫 영화다. "〈살아 있는 시체들의 밤〉은 '살아 있는 시체'에 식인의 특징을 불어넣어" "이전 좀비들보다 훨씬 무서운 새로운 종류의 좀비를 창조했다."[3]

롬좀은 "주로 떼로 다니는, 느린, 새로 살아난, 살에 굶주린 시체"이며 "흉측한 전염성 괴물"[4]이고, 지능과 감정을 잃은 좀비다.[5] 이 좀비는 "인류 전체를 위협하고 감염시키는"[6] 좀비로, 주로 말세적인 배경에서 활동하며 희생자들을 좀비로 변화시킨다. 사실 "좀비는 다른 어떤 생명체보다도 … 세상의 끝을 암시한다."

나아가, 파펜로스에 따르면 롬좀은 "인간과 비인간 … 사이의 경계에" 있는 존재로 창조되었다.[7] 윌슨은 〈살아 있는 시체들의 밤〉을 예로 인용하면서 이렇게 말했다. "보기 드문 호러 영화 … 어둠과 빛의 … 경계를 허문다." 그래서 "주인공은 진짜 괴물을 발견한다."[8]

여기서 우리는 로메로의 의도를 발견할 수 있다. 그는 "자기 욕구에 노예가 된 인간이 아니면 … 무엇이 좀비인가라고 묻는다. 바로 우리가 … 좀비, 서로를 잡아먹는 자멸적인 미치광이 식인종들이 아니고 무엇인가?

로메로는 재미를 사랑하는 사람이었다. 셀프디스의 요소를 담은 한 영화 광고에서 그는 자신의 영화를 "재미있게 봤기를 바란다"라고 말했다.[9] 하지만 그는 의심 많은 인물이기도 했다. 실제로 그는 우리의 이웃들이 가장 큰 적들이고 당시의 세 텔레비전 방송국이 "세 개의 큰 거짓말들이다. 이제 40만 명의 블로거들이 있다. 그래서 40만 개의 잠재적인 거짓말들이 있다"라고 말했다.[10]

그는 "(자신도) 정치적 입장들을 표현하기" 위해 영화를 사용했다고 인정했다. 그는 "자기 영화 속의 인간들이 내가 가장 싫어하는 인물들이다. 진짜 문제는 그들 속에 있다. 그에 비해 좀비들은 모기들에 불과하다"라는 염세적인 발언을 했다.[11] 최악의 행동을 인간 등장인물들이 하는 것 같은 플롯 장치들은 인간에 대한 로메로의 불신을 보여 주며 "우리는 무엇인가?"라는 질문을 던진다.[12]

따라서 로메로는 좀비를 통해 인간 상태, 특히 소비주의와 개인주의, 합리주의 같은 인간의 악을 드러내고자 했다. 파펜로스는 "누구든 좀비 영화를 보는 사람들은 현대 미국의 삶에 대한 강한 고발을 예상해야 한다"라고 말했다. 그런 의미에서 좀비는 진정한 인간이란 무엇인지를 보여 주는 여러 층으로 이루어진 비유 혹은 거울이라고 할 수 있다.

처음에는 반대의 목소리가 있었지만 〈살아 있는 시체들의 밤〉은 문화와 세대를 아우르는 엄청난 성공을 거두었다. 《바서티》(Varsity) 지에 실렸던 다음 발췌문은 이 영화에 대한 초기의 반응을 요약한다.

대법원이 선정성과 폭력성에 대한 확실한 가이드라인을 정하기 전까지는 〈살아 있는 시체들의 밤〉이 마지노선 역할을 할 것이다. 이 호러 영화는 그 제작자들의 양심과 사회적 책임 그리고 이 끝없는 가학의 파티를 기꺼이 선택한 영화 관람객들의 도덕적 건강에 대해 깊이 우려하게 만든다.

하지만 "논평가들은 그 영화가 단순히 충격적이고 역겨운 것만이 아님을 깨닫기 시작했다. 그 영화는 관람객들을 혼란스럽고 당혹스럽게 만들었으며, 그들에게서 더 깊은, 더 사려 깊은 차원의 반응을 요구했다."

〈시체들의 새벽〉이 개봉했을 때 비평가들은 로메로의 영화에 대해 "상세하고 학문적인 분석"을 했다. 로메로의 메시지는 관람객들에게도 전달된 것으로 보인다. 예를 들어, 하퍼에 따르면, 한 팬이 영화를 관람한 후에 쇼핑몰에서 "봐! 영화와 똑같아! 쇼핑객들이 다 좀비처럼 돌아다니잖아!"라고 외쳤다.[13] 지난 40년간 좀비 영화들의 성장은 롬좀의 엄청난 인기를 증명해 준다.[14]

롬좀은 인간과 비슷한 탓에 철학자들 사이에서 연구와 논쟁의 대상이 되어왔다. 롬좀은 여러 학자들을 매료시켰는데, 그중에서 영국 윈체스터대학의 리닝 박사는 좀비 교육을 제공하고 있다.[15] 영화 평론가들은 롬좀 이면의 여러 비유들에 관해서 분석했다. 이 논문에서 마이클 존슨이 '릴스쿨'을 통해 제시한 네 가지 비유들에 관해 생각해 보자. 이 비유들은 분리, 진정한 인간, 죽음, 전염이다.[16]

분리, 전염, 죽음은 서로 연결되어 있다. 존슨은 좀비가 사회에 순응하라는 압력 속에서 개인으로 남으려는 우리의 욕구, 무리에서 분리 혹은 구별되려는 우리의 욕구를 자극한다고 설명한다. 무시무시한 좀비들은 관념들로 우리를 오염시키려는 세력들을 비유한다. 데닛은 좀비가 어떤 세계관의 주창자들도 상징할 수 있다고 말한다.

예를 들어, 크리스천들도 다른 사람들을 위협하는 좀비로 여기고 복음은 전염성 병균으로 생각할 수 있다.[17] 좀비는 죽음과 바이러스 전염에 대한 두려움과도 자주 결부된다. 즉 좀비는 "두려운 상황을 마주해야만 하는 미래 혹은 서서히 우리를 향해 무조건적으로 찾아오는 무시무시한 미래를 상징한다." 또 다시 로메로의 메시지가 눈에 들어온다. 존슨에 따르면 "좀비 장르의 가장 두려운 측면 중 하나는 우리의 문을 부수려는 외부의 괴물과 상관이 없다. 그것은 바로 내부의 괴물과 관련이 있다. 종말 이후 세상에서 사람들은 자신의 본모습을 마음대로 드러낼 수 있다."[18]

존슨의 설명에 따르면, 좀비의 인기는 말세에 대한 인간의 환상을 반영한다. 예를 들어, 콜은 좀비 영화가 "종말 이후에 대한 우리의 환상을 자극한다"라고 말했다.[19] 앞서 말한 좀비 플래시몹은 집단이 좀비의 공격과 변이를 흉내 내면서 말세에 대한 환상을 조금이나마 풀 기회를 제공한다. 비디오 게임들은 말세적인 좀비 세상에서 우리를 주인공으로 만들어 준다.[20] 행사 전문업체인 베틀필드 라이브는 "대중의 요구에 따라" 더 현실적인 말세적 경험들을 제공하고 있다.[21] 한 글에 따르면 이 환상이 "우리에게 매력적인 것은 종말 후에는 우리를 판단할 사람이 아무도 남지 않기 때문이다. 종말은 감옥에서 해방되는 것과도 같다"[22]라고 말했다.

또 다른 이는 이 환상의 매력에 대해 다섯 가지 이유를 제시하는데, 이 모두는 결국 자치의 욕구로 귀결된다.[23]

탐색 하기

문화적 텍스트와 그 세상을 기술했으니 이제 이 텍스트를 신학적으로 분석할 수 있다.

조나단 에드워즈는 일반 계시로 볼 때 "모든 인류는 본질적으로 전적 타락 상태에 있다"고 결론을 내릴 수 있다고 말했다. 로메로도 같은 결론을 내렸다. 어떤 면에서 로메로의 영화들은 인간의 진정한 상태에 대한 하나님의 계시를 증폭해 주고 있다. 이런 면에서 좀비는 일반 은총과 일반 계시의 산물이다.

사도 바울은 타락한 인류의 모습을 마치 좀비처럼 "서로 물고 먹"는 것으로 묘사했다(갈 5:15) 마찬가지로, 로메로도 "서로 물고 먹"는 인류를 보고 그 모습을 좀비로 묘사하면 세상을 향해 "저들이 바로 우리다!"라는 메시지를 던졌다. 그는 좀비의 악에 대한 원인을 설정하고 좀비들을 인간 등장인물들과 대조시킨 것을 통해 관람객들에게 이렇게 묻는다. "어떤 질병이 당신의 악을 유발하고 있는가?" 그의 영화들은 우리가 이렇게 살지 말아야 한다고 외치고 있다. 그 외침은 하나님의 의도와 일치한다. 로메로가 인간의 악한 경향을 묘사한 것은 하나님이 악을 억제시키는 은혜 덕분이다.

인간의 악을 구체화하고 증폭한 좀비는 하나님의 율법과 비슷한 기능을 한다. 바울은 "율법으로 말미암지 않고는 내가 죄를 알지 못하였으니"라고 말했다(롬 7:7). 루터는 율법을 "당신이 무엇이 부족하고 무엇을 찾아야 할지 알게 해 주는" 거울에 비유했다.[24] 좀비는 복음이 아니라 율법과 같다. 좀비는 구주를 제공하는 것이 아니라 구주의 필요성을 드러내는 거울이다.

반면, 에드워즈는 "그리스도의 구원은 이 질병의 치료제로서 이 타락과 직접적으로 관련이 있다"라고 말했다.[25] 좀비는 치료제도 아니요 다른 치료제를 제시하지도 않는다. 따라서 좀비는 아무런 희망도 주지 못한다.

브록웨이는 말세적 환상의 뿌리에 자치가 있다고 말한다. 통제에 대한 욕심은 우상숭배의 중심에 있으며, 그 기원은 에덴동산에서

금단의 열매를 먹은 아담과 하와의 선택으로 거슬러 올라간다. 이는 말세적 좀비의 인기가 자치라는 깊은 우상에 대한 우리의 갈망에서 비롯하는 동시에 그 갈망을 더욱 부추긴다는 뜻이다.

하지만 여기서 또 다른 작용이 있다. 데이비슨은 좀비 열풍은 또 다른 갈망을 담고 있다고 말한다. 그것은 바로 정신없이 바쁜 삶과 일이라는 감옥에서 탈출하려는 욕구다. 이는 "수고롭게 일하는 우리를 이 아들이 안위하리라"라는 라멕의 바람과 통한다(창 5:29). 라멕은 고통스러운 일이 끝나기를, 저주에서 해방되기를 갈망했다. 우리가 좀비의 말세 세상에 매료된 것은 좀비가 종말의 희망으로 이 가려운 구석을 긁어 주기 때문이 아닐까? 인간 영혼은 우리를 저주에서 해방시켜 쉼을 줄 구주를 갈망한다. 하지만 궁극적으로 이 환상은 종말을 구원으로 여기는 우상숭배일 뿐이다.

드러내기와
전도하기

우리는 롬좀이 로메로가 의도했던 것보다 더 깊은 의미의 층들을 갖고 있음을 살펴보았다. 롬좀은 우리의 부패를 드러낸다. 롬좀은 우리의 내적 갈망 혹은 우상숭배를 드러낸다. 이 점이 중요한 것은 롬좀의 관람객들은 인간의 악한 성향과 타락을 절감하게 되기 때문이다. 그래서 그들의 마음은 복음의 씨앗이 자랄 좋은 땅이 될 수 있다.

나아가, 롬좀은 관람객들이 저주와 절망감, 갇힌 느낌으로부터의 해방과 쉼, 생명을 갈망한다는 점을 보여 준다. 좀비를 통해 우리는 구주의 필요성을 직면하고, 결국 그리스도께 이를 수 있다. "긍휼이 풍성하신 하나님이 우리를 사랑하신 그 큰 사랑을 인하여 허물로 죽은 우리를 그리스도와 함께 살리셨고"(엡 2:4-5).

Chapter 9

컬러링북

하나님이 빠진 동산에
에덴동산의
평안을 보이라

출판계의 불황 속에서 컬러링북은 반가운 단비였다. 2015년 컬러링북은 대히트를 쳤다. 전 세계적으로 판매량이 급증했고 출판사들은 막대한 수익을 챙겼다.

컬러링북의 성공에 사회 연구가들은 머리를 긁적였다. 그토록 많은 어른이 색칠이나 하며 여가 시간을 보낼 줄 누가 상상이나 했겠는가. 이는 누구도 예상치 못한 일이었다. 사실, 스코틀랜드 일러스트레이터 조해너 배스포드가 2011년 처음 한 출판사에 컬러링북 출간을 제안했을 때 어색한 침묵이 흘렀다. 정말로 다 큰 어른들이 《비밀정원》(Secret Garden)이란 제목의 책을 살까? 하지만 그 출판사는 모험을 했고 2013년 이 컬러링북을 출간했다. 2015년 3월 이 책은 40개 언어로 번역되어 천만 부가 판매되었다. 오래지 않아 수많은 출판사들이 컬러링북 출간에 뛰어들었다. 그런데 왜 아무도 이 트렌드를 예상하지 못했을까? 컬러링북의 인기를 어떻게 설명해야 할까?

들어가기

어느 대형 서점에서나 컬러링북 코너를 볼 수 있다. 제목들에는 주로 '스트레스 풀기'나 '색칠하면서 힐링하기'와 같은 표현들이 포함되어 있다. 따라서 이런 책이 주로 요가나 명상, 리듬 호흡법 같은 힐링에 관한 책들과 나란히 놓여 있는 것은 전혀 이상한 일이 아니다. 사람들은 정신없이 돌아가는 삶에서 잠시 벗어나 쉬고자 컬러링북을 사용한다.

하지만 컬러링북은 많은 면에서 일반적인 힐링 책과 다르다. 무엇보다도 컬러링북은 정말 쉽게 접할 수 있다. 헬스클럽에 등록할 필요도 없고, 기술을 배우기 위해 유튜브 동영상을 볼 필요도 없다. 색칠하는 데 특별히 힘도 들지 않는다. 지친 하루의 끝에 소파에 앉아서, 심지어 차 한 잔과 함께 침대에 누워서도 할 수 있다. 필요한 것은 책과 펜 몇 개가 전부다. 서점이 멀리 있어도 상관없다. 아마존에서 클릭 몇 번이면 컬러링북을 주문할 수 있다.

또 일반적인 힐링 책들은 주변 상황들을 의식하고 받아들일 것을 권하는 반면, 컬러링북은 잠시 눈앞의 세상을 탈출해 다른 세상을 꿈꿀 수 있게 해 준다. 어떻게 그럴 수 있는지를 이해하기 위해서는 그 안에 담긴 그림들을 살펴볼 필요가 있다.

흥미롭게도 도시의 건물이나 삶을 그린 그림은 거의 없다. 대부분이 오염되지 않은 자연과 마법에 걸린 잃어버린 왕국들 그림이다.

예를 들어 내가 이 글을 쓰는 지금, 아마존에서 가장 많이 팔리는 세 권의 컬러링북은 《해리 포터 컬러링북》, 《나의 동물원》, 《신비의 숲》 이다. 《환상의 바다》, 《마법의 정글》, 《로맨틱 컨트리》 등도 인기를 끌고 있다. 배스포드의 원작 《비밀의 정원》은 여전히 엄청난 인기를 유지하고 있다. 이 책은 "흑백의 동화 나라", "색칠을 통해 살아날" 수 있는 목가적인 세상이란 평을 들었다. 그런데 이 책이 왜 그렇게 큰 인기를 끌게 되었을까?

배스포드 출판사는 《비밀의 정원》 출간을 통해 자신도 모르게 거대 시장 속으로 들어갔다. "걱정에 빠져서" 평안을 얻을 수만 있다면 어떤 제품과 기법이라도 시도할 용의가 있는 사람들이 그 시장이다.[1]

힐링 산업은 이미 이 집단을 공략하고 있었다. 따라서 컬러링북은 독자층이 이미 확보되어 있는 셈이었다. 하지만 컬러링북의 성공은 오히려 다른 힐링을 위한 책들과의 차이 덕분이었다. 컬러링북이 시장에 나타났을 때는 이미 적지 않은 사람들이 기존의 힐링 기법들에 실망한 상태였다. 한 관찰자에 따르면 "긴장을 풀고 명상하라고 하지만 열에 아홉은 시도할 엄두도 내지 못하거나 시도하다가 포기한다."[2]

명상은 원하는 결과로 이어지지 않을 때가 많았다. 마음이 평온해지기는커녕 오히려 걱정이 더 심해지기도 했다. 또 다른 관찰자에 따르면 "내면 깊은 곳의 감정들에 집중하는 것은 두려운 일이었다. 최근 연구에서 사람들은 혼자서 생각에 잠기는 것보다 오히려 가벼운 전기 충격을 받는 편을 선택한다."³ 명상은 어렵고, 때로는 역효과를 낳는다는 평을 얻기 시작했던 것으로 보인다.

명상의 약한 부분에서 색칠하기는 강한 면모를 보여 준다. 컬러링북은 매우 쉽다. 초등학교 이전에 습득하는 기술 하나만 있으면 충분하다. 생각을 멈출 수 없는 사람들도 얼마든지 할 수 있다. 컬러링북은 "안도를 얻고 마음을 챙기면서 백지가 야기하는 무기력 상태에는 빠지지 않게" 해 준다.⁴ 나아가, 컬러링북은 더없이 효과적이라는 평을 얻었다. "어떤 사람들은 컬러링북이 … 일종의 심리적 열반으로 들어가는 길이라고 철석같이 믿고 있었다."⁵ 이런 말들의 상당수가 출판사들이 한 말이라는 사실도 컬러링북 열풍을 잠재우지는 못했다. 너도 나도 색칠을 시작하면서 컬러링북은 벼락 성공을 거두었다.

컬러링북의 인기가 상승하기 시작하자 "소매업체들은 재빨리 책의 팬들을 공략하기 시작했다."⁶ 2015년 말, 미국에서만 2천 종의 컬러링북이 나왔고, 전년도의 1백만 부와는 비교도 되지 않는 1,200만 부가 판매되었다. 오래지 않아 사람들은 남들이 색칠하는 모습을 찍은 유튜브를 제작하고, 트위터와 인스타그램에서 자신의 그림을 자랑하기 시작했다. 컬러링북은 "컬러링북 파티와 같은 희한한 하위문화들까지 탄생시켰다." 요컨대 "이 트렌드는 엄청나다는 표현으로는 부족하다."⁷

하지만 컬러링북이 세상에 어떤 비전을 제시하는가? 컬러링북은 사용자에게 무엇을 믿으라고 말하는가? 이 질문에 답하기 위해서는 컬러링북이 대부분 오염되지 않은 자연을 그리고 있다는 점에 주목할 필요가 있다. 이 점과 함께 컬러링북이 치료 제품으로 광고되고 있다는 사실을 고려하면, 컬러링북은 사용자들에게 자연과 가까이 접촉할 수 있는 세상에 평안이 있다고 말하는 것이다.

컬러링북의 그림들은 윌리엄 모리스 같은 19세기 아르누보 예술가들의 디자인과 비슷하다. 아르누보 예술가들은 낭만주의의 영향을 많이 받았다. 그들은 점점 산업화되는 세상에 염증을 느끼고 자연에 더 가까이 살기를 갈망했다. 그들은 자연 속에서 자유와 진리, 아름다움을 찾을 수 있다고 믿었다.

따라서 컬러링북 일러스트레이터들은 19세기 아르누보 예술가들처럼 구원이 추악하고 정신없는 현대의 삶에서 탈출하는 데 있다고 믿는 듯하다. 컬러링북은 사용자들에게 이상적인 자연 세계를 꿈꾸며 근심 걱정을 버리라고 말한다. 컬러링북에서 자연 세상은 억압이 아닌 자유의 땅, 추함이 아닌 아름다움에 둘러싸여 있는 땅으로 그려진다. 컬러링북은 사용자들에게 그런 세상에서 쉼을 찾으라고 말한다.

탐색하기

컬러링북 사용자들은 어떻게 하나님의 계시를 도용하고 있는가?

자신들이 망가지지 않은 동산 같은 나라, 창세기 1-2장에서 볼 수 있는 에덴동산 같은 낙원에서 살도록 창조되었다고 믿는 것은 좋은 일이다. 그들이 말로는 표현하지 않을지 몰라도 그들의 그림은 그들이 이 피조 세계의 망가짐을 느끼고 있음을 보여 준다. 낙원을 향한 이 갈망은 우리가 하나님의 형상을 따라 지음을 받았다는 증거다.

하지만 대부분의 컬러링북 사용자들이 하나님의 존재를 인정하지 않고 그분 안에서 구원을 찾지 않는다는 점은 안타까운 일이다. 그들은 이 현재의 삶이 전부라고 믿고 있다. 찰스 테일러에 따르면 세속적인 사람들은 "이름 없는, 차가운 우주에 던져져 떠도는" 기분을 느낀다. 그들은 더 큰 현실로 가는 문을 닫은 채 숨 막히는 작은 방에 갇혀 자신의 머릿속에서 숨을 쉬고 평안을 누릴 수 있는 공간을 창조하고 있다.[8]

따라서 컬러링북은 탈출 밸브로 사용되는 것이다. 컬러링북은 잠시 유토피아에 다녀올 수 있게 해 주는 마법의 지팡이다. 가상의 자연적인 낙원에서 평안을 찾으려는 시도로 볼 때 컬러링북 사용자들은 창조주보다 피조 세계를 더 매력적으로 보고 있는 것이 분명하다. 그들은 시편 기자처럼 "내 평생에 여호와의 집에 살면서 여호와의 아름다움을 바라"보기를 갈망하지 않는다(시 27:4). 그들은 자신들의 상상 속에 존재하는 신비의 세계가 자신들의 갈망을 해소해 줄 수 있다는 착각에 빠져 있다.

정말 편한 점은 이 가상의 낙원에서는 누구도 그들에 대해 권위를 가지지 않다는 것이다. 이것은 가짜 에덴동산이다. 하나님이 빠진 동산이기 때문이다. 인간이 만든 모든 우상과 마찬가지로 컬러링북 속의 이미지들은 말이 없다. 따라서 이것들은 그들에게 그 어떤 도덕적 의무도 지우지 않는다. 그래서 예술가들은 마음껏 자신의 세상을 창조하고 거기서 스스로 신이 될 수 있다. 이런 식으로 색칠은 이상한 안도감을 일으킨다. 테일러의 표현을 빌자면 "이 끔찍한 상황을 낳은 눈먼 우주에서 벗어나 혼자 있으면 일종의 평안이 찾아온다."

따라서 많은 성인들이 "불신을 확장하기" 위해 컬러링북을 사용한다고 결론을 내릴 수 있다. 그들은 하나님의 주권은 인정할 수 없고 "완전히 망가진 우주"가 전부인 것처럼 살 수는 없어서 중간 지점을 찾아 불신을 유지하기 위해 컬러링북을 사용한다.[9]

드러내기

문제는 컬러링북 사용자들에게 유토피아는 상상 속에서만 존재한다는 것이다. 이것은 실체 없는 희망이다. 이것은 동양 종교에서 회심한 사람들이 오랫동안 지적해 온 문제점이다. 예를 들어, 일본인 목사 타이세이 미치하타는 불교 대학에서 공부를 한 뒤에 기독교로 개종했다. 그의 스승들은 약속된 거룩한 땅에 관한 이야기를 자주 했지만 "상상 속에만, 한낱 바람으로만 존재하는 것들에 관해서만 이야기했다. 그것들은 단지 공상의 산물이요 종교적 예술의 결과일 뿐[10]이다."

따라서 오직 현세만 믿는 사람들에게 약속의 땅에 대한 갈망은 이루어질 수 없는 것이다. 그렇기 때문에 근심을 줄이기 위해 컬러링북을 칠하는 것은 말이 되지 않는다. 이루어질 수 없는 갈망을 골똘히 생각해 봐야 결국 절망밖에 더하겠는가. 탈출 밸브로 컬러링북을 사용하는 사람들이 일관된 사람들이라면 색칠이 아닌 소멸에서 평안을 찾아야 마땅하다. 결국 소멸만이 이 세상에서 일시적인 탈출이 아닌 영구적인 탈출을 하는 것이기 때문이다.

다시 말해, 컬러링북은 자치를 포기하지 않고도 에덴과 같은 나라에서 사는 것이 가능하다고 말한다. 하지만 그 약속은 뱀의 입에서 나온 것일 뿐이며, 그 약속은 우리를 환멸을 거쳐 죽음으로 이끈다.

전도하기

그리스도는 컬러링북 사용자들의 바람을 어떻게 전복적 성취로 이루시는가? 성경은 에덴동산 같은 나라에서의 삶을 향한 꿈이 이루어질 수 있다는 점을 보여 준다. 하지만 그 나라는 인간이 자치하는 낙원이 아니다. 성경은 스스로 주권을 갈망한 첫 아담 때문에 잃어버렸다가 '마지막 아담' 곧 예수님이 하나님께 복종한 덕분에 되찾아진 낙원을 이야기한다. 자신의 주권에 대한 갈망을 회개하고 하나님께 복종하는 사람들만이 그분의 회복된 낙원 곧, 새 예루살렘에 거하게 될 것이다(계 21:9-21). 그곳의 시민들은 자연과 상충하지 않고 조화를 이루며 살게 된다. 하나님이 적들을 패배시킬 것이기 때문에 진정으로 자유를 누릴 수 있다(사 11:6-9).

그렇다면 컬러링북은 어떻게 구속될 수 있을까? 회개한 사람들은 자신들을 기다리는 나라, 이 세상의 슬픔에 짓눌린 사람들에게 소망을 주는 나라를 기억하기 위한 도구로서 컬러링북을 사용할 수 있다. 컬러링북은 천국에서의 삶이 형체 없이 떠다니는 것이라고 믿는 크리스천들에게 도움이 된다. 낙원에 대한 이런 오해는 영생을 향한 열망에 찬물을 끼얹는다. 컬러링북을 통해 크리스천들은 자신들을 기다리는 삶을 구체적으로 이해할 수 있다. 그렇게 되면 낙심하지 않고 끝까지 예수님을 따를 수 있다.

마지막으로, 컬러링북은 신자들에게 하나님의 아름다움을 상기시켜 줄 수 있다. 신자들로서는 피조 세계를 생각하면 당연히 창조주의 아름다움과 창조성, 능력을 떠올릴 수밖에 없기 때문이다. 결국 컬러링북은 신자들로 하여금 예배하게 만들 수 있다. 왜냐하면 "하늘이 하나님의 영광을 선포하고 궁창이 그의 손으로 하신 일을 나타내시기 때문이다"(시 19:1).

Chapter 10

들새 관찰

피조 세계를 향한
하나님의 사랑을
엿보게 하라

가족끼리 즐길 수 있고 건강에도 좋은 취미인 들새 관찰은 점점 많은 사람들이 애용하는 인기 만점의 여가 활동이다. 이 논문에서는 들새 관찰을 할 때 사람들의 마음속에서 어떤 일이 벌어지는지를 탐구하고자 한다.

들어가기

영국에서 3백만 명 이상이 즐기는 들새 관찰은 단순하지만 인기 있는 취미 활동이다. 들새가 다양한 만큼 다채로운 취미 활동이라고 말할 수도 있다. 이 활동의 밑바탕에는 새들을 보고 이름을 부르고 즐긴다는 목표로 "관찰하려는 의지"가 있다.[1] 이 쉬운 활동은 정원과 뒤뜰, 시골이나 자연 보호 지역에서 주로 이루어진다.

사실 "영국인들은 그 어느 나라 사람들보다도 새들에 푹 빠져 있다."[2] 들새를 관찰하는 영국인들이 계속 늘어나는 것을 보면 알 수 있다. 정원에서 오색방울새의 이름을 부르며 키우는 사람들부터 희

귀한 왜가리를 보기 위해 차로 수백 킬로미터를 달려가는 사람들까지 영국인들의 새 사랑은 유별나다.

들새 관찰은 특별한 장비를 필요로 하지 않는다. 다만 쌍안경이 도움이 된다. 대부분의 들새 관찰자들은 새들을 쉽게 알아보고 자세히 음미하기 위해 쌍안경을 구입하거나 현장에서 빌린다. 그렇게 하면 "친밀함 즉 관찰당하지 않고 관찰할 수 있는 즐거움"이 가능해진다.[3]

"새 책"이라고도 부르는 휴대용 도감은 두 번째로 중요한 도구다. 이 책만 있으면 초보자도 새들을 구분할 수 있다. 이 책을 참조해서 새롭거나 색다른 새들을 알아보면 즐거움이 배가되며, 나중에 친구들에게 자신의 경험을 전문 용어를 사용해 이야기할 수 있게 해준다.

자연 보호는 들새 관찰 문화의 중요한 일부다. 자연을 즐기면 자연스럽게 보호하게 되기 때문이다. 그로 인해 많은 들새 관찰자들이 ABA(American Birding Association)나 RSPB(Royal Society for the Protection of Birds) 같은 단체에 가입한다. RSPB는 "1백만 명 이상의 회원을 통해 국가의 환경 정책에 영향을 미치고 있다."[4]

들새 관찰자들은 환경 보호에 직접 참여하기도 한다. 예를 들어, 새들에게 먹이를 주거나 매년 시행되는 '큰 정원 새 관찰' 같은 조사 프로젝트에 참여하거나 RSPB의 '미래에 보내는 편지' 같은 탄원서에 서명한다.

지난 2백 년간 많은 영향들과 개념들이 현재의 들새 관찰을 형성했다. 영국에서 가장 중요한 요인은 새들을 이해하고 보호하는 데

초점을 맞춘 RSPB의 등장일 것이다.

RSPB는 1889년 한 무리의 부유한 여성들이 새의 깃털이 액세서리로 사용되는 것을 반대하면서 시작되었다. 동물의 고통을 호소한 그들의 노력은 많은 공감을 이끌어 냈다. 덕분에 대중의 태도는 동물을 착취하는 데서 동물을 더 잘 이해하고 더 잘 보호하는 쪽으로 변했다. 오늘날 RSPB는 "세계 최대이자 세계에서 가장 영향력이 높은 자연 보호 단체 중 하나"가 되었다.[5]

한편, 20세기 동물학자 줄리안 헉슬리는 조류학에 일대 변화를 주었다. 1912년 그는 과거의 박물관 중심 연구에서 벗어나 직접 야생으로 나가 2주간 새들을 관찰하기로 결심했다. 그때 그는 뿔논병아리들에 관한 새로운 사실을 많이 발견했을 뿐 아니라 "더없이 즐거운 휴일"을 즐겼다.[6]

그 뒤로 많은 사람들이 그를 모방했고, 헉슬리가 진화학도 연구했기 때문에 들새 관찰은 자연스럽게 진화생물학과 결부되게 되었다. 다윈의 진화론은 하나님이 설계하신 자연 속에서 패턴처럼 보이는 부분들에 대해 자연적인 설명을 시도한 것이다. 진화론은 지난 몇 백 년 동안 생물학 연구의 중심에 있었고, 지금은 박물관 전시와 텔레비전 다큐멘터리에서 당연한 사실로 반영되고 있다. 그로 인해 이제 우리는 인간을 더 이상 자연의 나머지 부분과 다르게 보지 않는다. 이제 인간은 "피조물의 최고봉 자리에서 끌려 내려왔다."[7]

마지막으로 주목해야 할 트렌드는, 20세기 영국 교외에서 정원이 늘어난 현상이다. 1920년에서 1939년 사이에 정원을 갖춘 집들이 4백만 채나 생겨난 덕분에 거의 삼림지대라고 해도 무방한 거주지들이 발생했다. 이곳의 주민들은 자신이 사는 장소에서 많은 종의 새들을 보호한다. 이 정원 열풍은 양질의 삶을 영위하기 위해서는 자연 가까이에 살아야 한다는 빅토리아 시대 정신의 연장선이다.

이런 배경에서 볼 때 들새 관찰자들은 무엇을 생각하고 믿으라는 메시지를 듣고 있으며, 그들은 그 메시지에 어떻게 반응하고 있는가?

유명한 들새 관찰자들은 다른 들새 관찰자들에게 그들이 자연의 일부라고 말한다. 그들에 따르면 인간은 단순히 "또 하나의 종"에 불과하다. 아니 "우리는 털 없는 원숭이들이다." 우리는 새들과 똑같은 환경에서 살며, 우리의 이야기는 주변 새들의 이야기와 똑같은 진화의 이야기다. 모든 형태의 생명은 "동일하고 유효하고 중요하다."

자연의 일부로서 우리의 첫 번째 욕구는 세상을 즐기는 것이다. 특히 새들은 즐기기에 정말 좋은 대상이다. 왜냐하면 새들은 자연의 일부이면서도 날 수 있기에 구별된 피조물이요 정말로 매력적인 존재이기 때문이다. 새들은 자연 세계 전체에 경이를 더해 주는 특별한 역할을 해 왔다. "인간은 직립 보행을 한 이래로 … 새들을 관찰할 수 있었다."[8]

새들의 이름을 알면 이 즐거움이 배가되고 상상력이 자극된다. 또한 이름은 "공유된 관념의 존재를 보여 준다." 새의 이름을 부름으로써 우리는 그것을 보는 경험을 남들과 나눌 수 있을 뿐 아니라 새와 우리가 무엇인가를 공유하고 있다는 사실, 특히 우리가 같은 세상에서 살고 있다는 사실을 느낄 수 있다. 따라서 흥미로운 새를 보는 새 관찰자는 "저 멋진 녀석을 봐. 나는 뭔지 알아. 가슴이 두근거려"라고 말할 수 있다.[9]

들새 관찰 이면의 두 번째 욕구는 새들을 돌봄으로써 자연과 다시 연결되려는 시도다. 우리는 우리가 잘못 구별된 종이라는 메시지를 듣고 있다. 그 이유는 우리가 자연을 해치기 때문이다. 따라서 자연 보호와 새 먹이기는 자연을 파괴하는 것이 아니라 자연에 가까이 다가가는 일이기에 어떤 면에서 우리를 구속해 준다. "하나의 종교, 도덕적인 십자군, 정치적 헌신"이란 표현에서 자연 보호가 우리의 깊은 욕구와 연결되어 있음을 알 수 있다.[10]

들새 관찰 문화 속에서 우리는 미디어의 메시지에 대한 순응과 저항을 동시에 볼 수 있다. 이제 한 해 2억 달러 규모에 달하는 새 먹이 산업의 탄생, 1백만 명 이상으로 증가한 RSPB 회원 숫자, 들새 관찰 텔레비전 프로그램의 급증은 모두 새를 즐기고 이해하려는 수요가 엄청남을 보여 준다.

하지만 일반 들새 관찰자들은 유명 들새 관찰자들과 다른 습관들을 갖고 있다. 일부 유명 들새 관찰자들은 많은 사람이 야외로 나가지 않고 정원 안에서만 새들을 관찰한다고 혹은 들새 관찰을 가장 많은 새들을 관찰하기 위한 경쟁인 '트위칭'으로 변질시켰다고 한탄한다.[11]

흥미로운 사실은, 새들에게 인간의 특성을 부여하는 모습에서 세상의 이야기에 대한 저항을 볼 수 있다는 것이다. 많은 들새 관찰자들이

푸른박새는 좋은 새이고 까치는 나쁜 새라는 식으로 좋은 새와 나쁜 새를 나눈다. 이에 미디어에 출연하는 유명 들새 관찰자들은 일반 들새 관찰자들에게 '옳은' 이야기를 다시 가르치기 위해 애를 쓰고 있다.

예를 들어, 시몬 반스는 까치가 "인간이 되려고 하지 않는다" 그리고 자연은 인간이 즐기기 위해 있는 것이 아니고 우리는 자연의 주인이 아닌 일부라고 말한다.[12] 들새 관찰자는 자신을, 딱히 의미가 있거나 아름답지 않고 그냥 단순히 존재하는 세상의 일부로 보라는 메시지를 끊임없이 듣고 있다.

탐색하기

들새 관찰은 대체로 하나님을 모르는 문화의 산물이지만, 하나님의 일반 은총 덕분에 들새 관찰 활동 속에서도 피조 세계를 향한 하나님의 사랑을 볼 수 있다. 한 가지 예가 사람들이 창조된 세계를 보며 경험하는 기쁨이다. 피조 세계 속에서 영광을 보면 가슴이 벅차오른다. 그것은 하나님이 모든 피조물에게 "인간이 만들 수 있는 그 어떤 예술 작품보다도 훨씬 뛰어난"[13] 아름다움을 가진 세상을 주신 덕분이다.

이 일반 은총은 새들의 종류를 알아보는 즐거움에서도 나타난다. 터노가 지적했듯이 "하나님이 세상을 창조하셨을 때처럼 우리는 문화 활동을 할 때 함께 거할 수 있는 공유된 의미의 세상들을 창조하는 것이다."[14] 따라서 우리가 새의 종류를 알아보고 새에 관해 이야기하면서 공유된 의미를 즐기는 것은 하나님이 우리에게 일반 은총으로서 창의력을 주신 덕분이다.

자연 보호를 강조하는 모습에서 피조 세계 속에서 하나님이 우리에게 주신 역할도 볼 수 있다. 이것은 인간이 하나님의 세상을 "경작하며 지키"도록 그 안에 놓였다는 성경의 가르침과 일치한다(창 2:15). 이런 청지기 역할은 인간 존재의 일부이며, 이 역할을 수행해서 창조 질서를 돌볼 때 우리는 만족감을 얻는다.

하지만 들새 관찰 활동 이면의 이야기는 우상숭배적이기도 하다. 하나님이 주신 아름다운 세상에 대한 들새 관찰자들의 반응은 이야기의 주인공인 하나님을 배제시키는 행위이다. 그들의 반응은 "자연을 선물로 인정하지 않는" 것이다.[15] 신을 언급하더라도 주권적인 창조주로서가 아니라 단순히 자연적인 과정들에 대한 다른 이름으로서 언급할 뿐이다.[16] 자연 세계의 문제점들은 자연이 원래 그렇다거나 인간이 피조 세계를 망친 결과라는 식으로만 말할 뿐, 그것을 하나님의 경고로 받아들이지 않는다.

나아가, 악한 인간들은 하나님의 선한 메시지를 끊임없이 변형시킨다. 이야기에서 하나님을 빼버리면 "인격적인 하나님께 회개해야 할 필요성"이 사라지기 때문에 매력적이다.[17] 우리가 이 피조 세계를 돌봐야 할 중요한 책임을 맡았다는 하나님의 메시지(시 8:6)를 받아들이지 않고 인간을 여느 피조물과 동일시하려는 미디어의 들새 관찰

전문가들에게서 이런 시도를 볼 수 있다. 그로 인해 사람들은 "육체적으로나 감정적으로 필요한 것을 … 한 분이신 참된 하나님이 아닌 다른 것에서" 찾고 있다.[18] 바로 이것이 우상숭배다.

들새 관찰의 경우에는 진화에서 의미를 찾는데, 진화 자체가 항상 종교적인 의미를 함축하고 있다. 우상들은 하나님의 정체성과 성품을 흉내 내는 가짜들이다. 진화는 과거를 설명하고(생명의 진화) 미래의 복이나 저주를 예측함으로써(자연의 몰락) 현재 나의 도덕성에 영향을 미치는 가짜 종교다. 이 모두는 참된 하나님과의 관계 속에서 있는 삶을 흉내 낸 가짜들이다.

드러내기와 전도하기

이 텍스트의 우상숭배적 본질은 우리의 진정한 욕구들을 충족시켜 주지 못한다는 점에서 분명히 드러난다. "재미와 감탄을 경험하는"[19] 순간, 아름다운 새를 즐기는 것은 창조된 것에서 창조되지 않은 영광을 찾으려는 예배 행위가 될 수 있다.

하지만 그 새는 그 욕구를 충족시켜 줄 수 없고, 그래서 사람들은 더 화려한 새를 찾거나 경쟁적으로 변한다. 이런 문제를 통해 우리는 "피조 세계 속에 있는 하나님의 작품이 그분만이 모든 행복의 근원이라는 사실을 증명해 보인다는" 점을 깨닫고, 그분을 보고 아는

데서 기쁨으로 찾아야 한다.[20]

자연 보호도 이런 문제를 보여 준다. "우리는 생태계의 홀로코스트를 겪은 세상 속에서 살고 있다"라는 반스의 말에서 보듯 자연 보호는 절박감이나 적개심 속에서 이루어지는 경우가 많다.[21] 우리는 새들을 보며 하나님이 모든 피조물을 돌보신다는 점을 배워야 한다 (마 6:26). 그래서 언제나 주권적이시며 선하신 하나님을 의지하는 가운데 세상을 돌봐야 한다.

들새 관찰의 이야기에는 답답한 모순들도 포함되어 있다. 한 작가는 "자연은 아름답지 않다. 단지 존재할 뿐이다"라고 말해 놓고서 같은 책에서 "왜 우리는 그 아름다움을 그토록 좋아하는가?"라고 묻는다.[22] 하나님이 계시지 않는다면 우리가 아름다움과 기쁨에 집착하는 유일한 이유는 "자연이…진화적인 생존 전략 이상이라고 믿고 싶기 때문"일 것이다. 이런 모순은 "그 아름다움이 더 깊은 영적 현실을 가리킨다는 점을 우리가 알고 있다는" 사실을 보여 준다.[23]

들새 관찰 이야기는 세상의 풍요로운 복들을 즐기되 그 복들의 공급자는 배제시킨다. 하지만 성경의 렌즈를 통해 자연을 보면 세상의 망가짐과 의미를 창출하고 돌보려는 우리의 욕구를 완벽히 설명해 주는 이야기를 발견할 수 있다.

또한 세상을 창조하고 우리를 그곳에 두신 하나님, "세상이 가리키는 영적 아름다움" 자체이신 분, 온전한 만족을 주시는 분을 발견할 수 있다.

Chapter 11

타문화

기술과 안전에 대한 집착,
영원한 복음으로
대체시키라

일본 여행자들은 쭈그려 앉아서 볼 일을 보는 전통적인 화변기에 경악을 금치 못한다. 특히 공원이나 기차역에서 "네 가지 K"로 대변되는 화변기들도 가끔 볼 수 있다. 네 가지 K는 "키켄(위험한), 키타나이(더러운), 쿠라이(어두운), 카사이(냄새나는)"를 지칭한다.[1] 하지만 많은 집 혹은 호텔이나 백화점에서 볼 수 있는 최신 비데 변기들을 보면 입이 떡 벌어진다.[2]

들어가기

천(Chun)은 이런 비데가 달린 좌변기를 이렇게 묘사한다. "뚜껑과 좌석을 올릴 수 있는 버튼, 성기나 엉덩이에 물을 뿌려 주는 버튼, 물의 온도와 세기를 조절하는 버튼이 있다. 대부분은 자동 건조기와 따뜻한 좌석을 갖추고 있고, 저절로 방취제가 뿌려지는 모델도 있다. 어떤 모델은 때가 타지 않도록 자기 코팅도 되어 있다."[3] 여자 공중 화장실에는 창피한 소변 소리를 감추기 위해 물 내려가는 소

리를 내거나 음악을 내보내는 '에티켓' 장치도 설치되어 있는 경우가 많다.[4]

공간을 신중히 고려하는 집에서는 변기를 욕실과 별도의 공간에 설치한다. 화장실에 들어갈 때 갈아 신는 특별한 슬리퍼도 마련되어 있다. 건강과 위생상의 이유들로 집에서 화변기 스타일을 고집하는 사람들도 있지만, 지금은 대부분의 집에 서양 스타일의 '좌변기'가 설치되어 있다. 일본 가정의 절반 이상에 위에서 묘사한 비데 좌변기가 설치되어 있다.[5] 전기로 따뜻해지지 않는 좌석에는 하다못해 따뜻한 커버라도 씌워져 있다. 이 커버와 매트, 타월, 뚜껑 커버, 화장지 커버는 대개 계절마다 다른 색상이나 디자인으로 교체된다. 이외에도 그림이나 달력, 꽃, 조약돌 같은 장식들이 화장실을 화사하게 꾸며 준다. 아주 드물게 화장실에 책꽂이까지 갖춰 놓은 집도 있다. 방향제는 대개 나무나 숲속의 향기를 낸다.[6]

일본 집 화장실에 관해 생각하면서 집 안에서 화장실의 위치, 신도(神道)의 청결과 안전 개념, 아름다움과 건강 개념, 첨단기술 사용에 관해 살펴보도록 하자.

화장실의 위치는 주로 중국 도교의 '풍수'에서 비롯한 법칙들에 따라 매우 까다롭게 정해진다. '풍수'란 단어는 '바람'과 '물'에 해당하는 한자로 이루어졌으며, 그 목표는 음(물질)과 양(정신)과 다섯 요소들(물, 금속, 불, 흙, 나무)의 상호작용으로 발생하는 생명 에너지의 흐름을 통제하는 것이다.[7] 이런 법칙들을 따르면 온 집안이 건강해지고 번영한다고 한다. 그런데 캘린드에 따르면 이 법칙들은 너무 복잡해서 집을 지을 때 80퍼센트만 지켜도 잘 지킨 것이라고 한다. 따라서 재앙을 막기 위해서는 추가적인 의식들이 필요하다.[8]

수도와 '더러운' 화장실, 부엌, 난로의 위치가 특히 중요하다. 예를 들어, 일본인들은 북동쪽이나 남동쪽, 북서쪽에 화장실을 두면 집 안 사람들에게 화가 미친다고 생각한다.[9] 풍수에 따르면 생명력이 빠져나가는 것을 막기 위해 변기 뚜껑을 닫아 두어야 한다. 따라서 사람이 접근하면 뚜껑을 열고 사람이 떠나가면 뚜껑을 닫는 자동변기는 옛 문제에 대한 새로운 해법인 셈이다. 화장실의 꽃이나 조약돌은 변기물이 생명력과 함께 번영을 쓸어가는 것을 상쇄해 주는 '흙'의 요소다.

원래 중국 도교에서 비롯한 이 법칙들은 일본 전통 종교인 신도와 융합되었다. 따라서 이제 신도가 화장실에 어떤 큰 영향을 미쳤는지를 살펴보자.

신도의 주된 관심사는 순수다. 여러 행동과 환경에서 불결이 발생하고, 죄와 달리 불결은 대개 인간의 도덕적 책임과 결부되지 않는다. 여느 사회들처럼 순수와 청결은 안전과, 불결이나 오염은 위험과 결부된다. 예를 들어, 절에 들어갈 때나 밖에서 집에 돌아올 때는 언제나 입을 헹구고 손을 씻는다.

일본인들에게는 이 '안'(깨끗하고 안전한 곳)과 '밖'(더럽고 위험한 곳)의 구별이 중요해서 아주 어릴 적부터 그것을 배운다. 이는 불결이 '무질

서의 문제'이기 때문에 질서를 통해 바로잡아야 한다는 메리 더글라스의 유명한 주장과도 통한다.[10]

화장실은 '더러운' 곳이다. 그래서 집의 나머지 부분과 화장실 사이에 슬리퍼로 갈아 신는 행위로 상징되는 경계를 설정함으로써 질서를 이룬다.

더글라스의 주장은 화장실과 욕실을 별로로 두는 일본인들의 취향도 설명해 준다.

화장실의 '더러움'은 왜 일본인들이 그것을 위험하게 여기고 그 위치를 세심하게 정하는지를 설명해 준다. 한편, 맥엘리고트는 완전히 타버린 집의 잿더미에서 화장실 자리를 절박하게 찾는 한 이웃의 이야기를 전해 준다. 그 이웃은 재앙을 피하기 위해 "화장실의 정령"을 달래야 한다고 생각했다.[11]

호란은 일본인들이 화장실 방향제로 나무 향을 선호하는 것은 예로부터 나쁜 꿈을 흩어버리는 가공의 생물체를 끌어들이기 위해 화장실 근처에 남천 식물을 심어온 전통과 관련이 있다고 주장했다.[12]

1980년대 초 토토사는 비데를 출시하면서 부분적으로 신교 전통에서 비롯한 청결에 대한 일본인들의 집착을 공략한 광고를 선보였다. 천은 토토사의 광고 영상 문구를 이렇게 인용했다. "일본은 엉덩이 닦기를 좋아하는 민족의 국가다."[13]

일본 화장실의 다른 요소들도 눈여겨볼 만하다. 예를 들어, 앞서 말했듯이 화장실을 아름답게 꾸미기 위한 일부 요소들이 풍수 사상과 관련이 있지만, 계절에 맞는 장식 같은 요소들은 일본인들이 자연을 아름답게 여긴다는 사실과 관련이 있다. 많은 관찰자들이 일본인들의 미적 추구를 지적했다.[14]

또 비데는 건강을 증진시키는 것으로 여겨진다. 뒤를 닦고 말리면 변비와 치질을 완화하는 데 좋다고 하며, 최신 모델들은 소변의 당질, 몸무게, 심지어 체지방도 측정할 수 있다.

마지막으로, 화장실은 일본인들이 건강과 안전 같은 문화적 관심사들에서 비롯한 문제들을 다루기 위해 과학 기술을 사용하고 개선한다는 점을 보여 준다. 또한 배설 장소를 멀찍이 떨어진 곳에 배치하면 사용자가 창피하지 않다. 비데는 병원용으로 고안된 이후 1960년대의 미국 좌변기보다 훨씬 더 발전했다. 따라서 이는 일본이 실용적인 동시에 아름다운 제품의 생산을 주도하고 있음을 보여 주는 한 사례다.[15] 런델은 일본인들이 이렇게 탁월한 수준을 추구하는 이유를 국가적 우월감과 완벽주의에서 찾는다.[16]

앞서 살핀 것들에는 좋은 인간에 대한 비전이 함축되어 있다. 이 비전에 따르면 좋은 인간은 순수와 질서에 관심을 가진다. 몸의 청결은 순수와 질서의 일부일 뿐이다. 맥엘리고트에 따르면 일본에서 순수한 마음은 절대적인 도덕 기준이 아니라 확립되고 용인된 관행에 따라 "옳은 방식으로" 행하는 "성실"을 통해 표현된다.[17] 성실은 예절과 배려 있는 행동을 통해서도 나타난다. 이런 행동은 인간 세상과 비인간 세상 사이의 조화를 유지시켜 준다.

기본적인 배설 욕구를 창피하지 않게 조용히 해결할 깨끗하고 안전한 장소를 제공하는 것은 남들을 향한 예의 있는 행위다. 화장실을 적절한 장소에 설치하려는 노력은 가문에 건강과 번영을 가져올 뿐 아니라, 더 넓게는 우주와 조화를 이루고 조상신과 마을신들을 만족시키기 위한 마음을 담고 있다. 일본인들에게 좋은 삶은 계절과 자연을 늘 의식하는 아름다움의 삶이기도 하다. 좋은 삶은 건강을 지켜 줘서 남들에게 괜한 걱정을 끼치지 않게 해 준다. 좋은 삶은 인간들과 자연을 섬기기 위해 첨단 기술을 활용하는 삶이다.

탐색하기

여기서 보이는 세계관은 인류의 기본적인 선함, 그리고 자연의 선함과 풍요로움을 믿는다. 또한 이 세계관은 인간과 비인간 요소들 사이의 연속성을 가정한다. 비인간 요소들에는 어떤 의미에서 '여전히 우리와 함께 있는' 망자들을 비롯해서 일본에 거하면서 일본을 보호하는 수만 가지 정령들이 포함된다.

일본이 여타 현대 국가들처럼 과학과 사회의 발전을 추구하고 있기는 하지만, 일본 안에는 시간이 직선이 아니라는 관념이 흐르고 있다. 시간은 끊임없이 증발해 버리는 현재 순간인 동시에 순환이다. 과거도 항상 존재하지만 잊혀진다.[18] 도교의 영향으로 일본에서 시간은 동일하지 않다. 길한 날과 년이 있고 불길한 날과 년도 있다. 도교 철학에서 근본적인 욕구는 조화와 순수의 욕구다. 인류는 조화를 유지하는 데 어느 정도 역할을 하지만 주로 운명이 작용한다. 이 세계관에서 인간들은 조화로운 우주의 일부로서 존재할 뿐, 인류가 나머지 피조물과 구별되고 다른 요소들을 다스린다는 성경적인 개념은 거부된다.

일본 화장실에서 우리는 가족, 공동체, 환경에 대한 관심을 볼 수 있다. 이는 인류가 하나님의 형상을 따라 선하게 창조되었음을 보여 준다. 첫 인간들은 남들과 관계를 맺고, 자신이 사는 곳을 돌보도록 창조되었다(창 1:27; 2:15, 18). 심지어 화장실을 아름답게 만드는 일도 이 임무에 포함된다.

반면, 건강과 번영, 안전을 감사히 받아야 할 하나님의 복으로 여기지 않을 때 일반 은총에 관한 계시가 억눌러진다. 대신, 이것들이 인간의 기술과 관리로 이루어야 할 것들로 여겨진다. 불순과 위험에 대한 인식, 생리 현상을 창피하게 여기는 것은 일본 문화가 뭔가 잘못되었다는 신호이고, 거룩하신 창조주 하나님의 진노에 대한 인식도 억눌러진다. '위험'을 다루기 위해 고대의 '풍수'나 현대의 첨단기기 같은 인간의 기술이 사용된다.

일본 집 화장실에서 우리는 첨단 기술, 건강, 청결, 안전에 초점을 맞추는 모습을 볼 수 있다. 이것들은 하나님이 이 땅을 건강과 번영이 가득한 곳으로 가꾸라고 주신 수단들이다. 하지만 일본 화장실에서 볼 수 있는 청결과 기술에 대한 집착은 이것들이 우상으로 변질되었음을 보여 준다.[19]

드러내기와
전도하기

도교와 달리 우리는 모든 시간과 공간이 동일하다고 선포해야 한다. 모든 시간과 공간은 동일하게 그리스도의 주되심 아래 있기 때문이다(마 28:18). 위의 내용에서 추측할 수 있는 일본의 독특성을 주장하는 이야기와 달리, 우리는 하나님이 만국을 창조하셨으며 만국의 대표들이 새 피조 세계에서 살게 될 것이라고 약속하셨다는 사실을 선포해야 한다(행 17:26; 계 7:9). 위에서 소개하고 분석한 일본 세계관 속의 욕구들은 예수 그리스도의 복음을 통해 전복되는 동시에 완성된다.

기술과 청결, 안전에 계속해서 집착한다는 것 자체가 바로 이 우상들은 우리를 진정으로 만족시킬 수 없고 하나님을 대신할 수 없다는 증거다. 복음은 깨끗한 마음, 거룩하신 하나님 앞에서 한 점 부끄러움이 없는 가장 깊은 차원에서 순결한 마음을 제시한다(히 10:19-22).

풍수는 설령 재앙을 막아 준다 해도 기껏해야 80퍼센트만 막아 줄 수 있을 뿐이지, 우리의 피난처이신 하나님 안에서는 안전에 대한 인간의 욕구가 완벽히 충족된다(시 46:1). 이 세상에서 건강과 번영에 대한 갈망이 온전히 충족되지 않는 것은 그런 건강과 번영이 새 피조 세계에서 약속된 영생과 쇠하지 않는 유산에 비해 얼마나 약하고 덧없는지를 보여 준다(벧전 1:3-4).

성경은 일본인들이 갈망하는 것보다도 훨씬 더 좋은 아름다움과 풍요, 조화의 땅이 올 것이라고 약속한다. 오직 크리스천들만이 진정한 조화, 평화, 화목을 이야기할 수 있다. 왜냐하면 크리스천들만이 먼저 그분과의 관계 속에서, 그리고 우리 서로의 관계 속에서, 마지막으로 모든 피조물과의 관계 속에서 조화를 이루어 주실 수 있는 하나님을 알기 때문이다(롬 5:1; 사 11:6-9).

프롤로그

1. https://www.theguardian.com/music/2015/jun/10/miley-cyrus-idont-relate-to-being-boy-or-girl.

2. Anthony Thwaite, https://www.spectator.co.uk/2015/06/oh-dear/

PART 1

Chapter 1

1. Edward Jewitt Robinson, *The Daughters of India: Their Social Condition, Religion, Literature, Obligations, and Prospects* (T. Murray, 1860), p 131.

2. J.H. Bavinck, Paul Visser, *Heart for the Gospel, Heart for the World: The Life and Thought of Reformed Pioneer Missiologist Johan Herman Bavinck* (1895-1964) (Wipf&Stock, 2003), p 286.

3. James Sire, *Naming the Elephant* (InterVarsity Press, 2015), p 112. 제임스 사이어, 《코끼리 이름 짓기》(IVP 역간).

4. 이 철학자는 찰스 테일러(Chales Taylor)다. 그는 세속에 관한 이런 사고방식에 관해 누구보다도 많은 글을 남겼다. 그의 글은 읽기 쉽지 않다. 관심이 있다면 James K.A. Smith, *How (Not) to Be Secular: Reading Charles Taylor* (Eerdmans, 2014)를 읽어 보라.

5. *Abraham Kuyper: A Centennial Reader*, ed. James D. Bratt (Eerdmans, 1998), p 488.

Chapter 2

1. John M. Frame, *The Doctrine of the Christian Life* (Presbyterian and Reformed, 2008), p 857. 존 M. 프레임, 《기독교 윤리학》(P&R 역간).

2. Henry Van Til, *The Calvinistic Concept of Culture* (Baker, 2001), p 200.

3. Bavinck, "Religious Consciousness", *The J. H. Bavinck Reader*, ed. John Bolt, James D. Bratt and P.J. Visser, trans, James A. De Jong (William B. Eerdmans Publishing Comoany, 2013), p 279.

4. Greg Beale, *We Become What We Worship* (IVP, 2008), p 16. 그레고리 빌, 《예배자인가, 우상숭배자인가?》(새물결플러스 역간).

5. Jonathan Leeman, *Political Church: The Local Assembly As Embassy of Christ's Rule* (Apollos, 2016), p 14, 92.

6. Bavinck, Brian G. Mattson, *Restored to Our Destiny: Eschatology and the Image of God in Herman Bavinck's Reformed Dogmatics* (Brill, 2011), p 5에 인용.

7. Brian Mattson, *Cultural Amnesia* (Swinging Bridge Press, 2018), p 33-34.

Chapter 3

1. J.H. Bavinck, *The Church Between Temple and Mosque* (Eerdmans, 1966), p 33.

2. Grant Horner, *Meaning at the Movies* (Crossway, 2010), p 47.

Chapter 4

1. 이런 패턴을 보여 주는 정말 좋은 책은 Christopher Watkin, *Thinking Through Creation* (P&R, 2017)이다.
2. C.S. Lewis, *The Weight of Glory* (HarperCollins, 2009), p 91-92. C. S. 루이스, 《영광의 무게》(홍성사 역간).
3. Mike Cosper, *The Stories We Tell* (Crossway, 2014), from p 52.
4. John Calvin, *Institutes*, 3.11.1. 존 칼빈, 《기독교 강요》.
5. Glynn Harrison, *A Better Story* (IVP, 2016).
6. Cal Newport , *Deep Work: Rules for Focused Success in a Distracted World* (Paitkus, 2016). 칼 뉴포트, 《딥 워크》(민음사 역간).
7. John Piper, "Twelve questions to ask before you watch Game of Thrones", https://www.desiringgod.org/articles/12-questions-toask- before-you-watch-game-of-thrones.
8. Andrew David Naselli and J.D. *Crowley, Conscience: What It Is, How to Train It, and Loving Those Who Differ* (Crossway, 2016).

PART 2

Chapter 7

1. 날카로운 질문을 던지는 기술을 다룬 좋은 책 중 하나는 Greg Koukl, *Tactics* (Zondervan, 2009)이다.
2. Daniel Strange *"Reflections on Gospel Contextualization"*에서 발췌, Timothy Keller, Loving the City(Zondervan, 2016) p 94에 인용, 《도시를 품는 센터처치》(두란노 역간).
3. Ted Turnau, "opular Culture, Apologetics and the Discourse of Desire", *Cultural Encounters 8:2* (Nov. 2012), p 25-46.
4. Gary Parkinson, "it' Coming Home: Why Three Lions is such an important song in

English football culture" https://www.fourfourtwo.com/features/its-coming-home-why-three-lions-suchimportant-song-english-football-culture.

5. https://www.thesun.co.uk/world-cup-2018/6694139/how-manywatch-world-cup-2018-viewing-figures-england-croatia/.

6. https://heirsmagazine.com/blog/the-world-cup-england-and-you.

PART 3

Chapter 8

1. Margaret Twohy, "From Voodoo to Viruses: The Evolution of the Zombie in Twentieth Century Popular Culture", *Master' thesis* (Trinity College Dublin, 2008), p 13.

2. 죽은 자가 돌아와 산 자를 잡아먹는다는 생각은 오랫동안 인간 의식 속에 있어왔다. 길가메시 서사시에 이런 내용이 있다. "내가 죽은 자를 일으킬 것이다. 그들이 산 자를 먹을 것이다. 죽은 자가 산 자보다 많게 할 것이다!" Stephanie Dalley, *Myths from Mesopotamia: Creation, the Flood, Gilgamesh, and Others* (Revised, Oxford University Press, 2009), p 80에 인용.

3. Tony Williams, *The Cinema of George A. Romero: Knight of the Living Dead* (Wallflower Press, 2003), p 12, 15

4. James B. Twitchell, *Dreadful Pleasures: An Anatomy of Modern Horror* (Oxford University Press, 1985), p 267.

5. Kim Paffenroth, *Gospel of the Living Dead: George Romero' Visions of Hell on Earth* (Baylor University Press, 2006), p 12.

6. "Zombie (fictional) - Wikipedia, the free encyclopaedia," https://en.wikipedia.org/wiki/Zombie.

7. Paffenroth, p 8.

8. Eric G. Wilson, *Secret Cinema: Gnostic Vision in Film* (BloomsburyAcademic, 2006), p 121.

9. "Survival of the Dead George A. Romero Introduction" 2010, [2011년 11월 13일에 인

용]. Online: http://www.youtube.com/watch?v=9sGx0gTVkqM&feature=youtube_gdata_player.

10. "Diary of the Dead—eorge A. Romero interview" 2007, [2011년 11월 13일에 인용]. Online: http://www.youtube.com/watch?v=ljOVL8lCV_Q&feature=youtube_gdata_player.

11. "10 Questions for George Romero" [November 2011년 11월 13일에 인용]. Online: http://www.time.com/time/magazine/article/0,9171,1992390,00.html.

12. Paffenroth, p 12, 27, 28.

13. Harper, "Zombies, Malls, and the Consumerism Debate: George Romero' Dawn of the Dead,"Americana: The Journal of American Popular Culture (1990-present) 1 (2002), http://www.americanpopularculture.com/journal/articles/fall_2002/harper.htm.

14. "The Internet Movie Database (IMDb),"n.p. [2011년 11월 13일에 인용]. Online: http://www.imdb.com/. 많은 미국 좀비 영화들 외에도 캐나다도 Shivers(1975)와 Rabid(1977)를 제작했다. 뉴질랜드와 영국은 Braindead(1992)를 제작했다. 이탈리아의 Dellamorte Dellamore(1994), 일본의 Versus(2000), 잉글랜드의 28 Days Later(2002)와 Shaun of the Dead(2004), 스페인의 [Rec](2007)도 있다. 이 중 일부 영화들은 다른 이름으로 필리핀과 포르투갈에서 개봉했다.

15. John Sudworth, "Zombie Craze Continues to Infect Popular Culture" [2011년 11월 13일에 인용]. Online: https://www.bbc.co.uk/news/uk-15418899.

16. Michael Johnson, "The Meaning of the Zombie" YouTube [2011년 11월 13일에 인용]. Online: http://www.youtube.com/watch?v=_nyEQplt9Nc.

17. "Dan Dennett on Dangerous Memes" video on TED.com [2011년 11월 13일에 인용]. Online: http://www.ted.com/talks/lang/eng/dan_dennett_on_dangerous_memes.html.

18. Johnson, "The Meaning of the Zombie", 이탤릭체는 내가.

19. Liz Cole, "reenCine | Zombies" [2011년 11월 13일에 인용]. Online: http://www.greencine.com/static/primers/zombies1.jsp.

20. Jamie Russell, *Book of the Dead: The Complete History of Zombie Movies* (FAB Press, 2005), p 171.

21. "Latest News—attlefield LIVE Pembrokeshire", [2011년 11월 13일에 인용]. Online: http://www.battlefieldlivepembrokeshire.co.uk/news.shtml.

22. "Why We'e Obsessed with the Apocalypse" [2011년 11월 13일에 인용]. Online: http://www.cracked.com/blog/why-were-obsessedwith-apocalypse/.

23. "5 Reasons You Secretly Want a Zombie Apocalypse" [2011년 11월 13일에 인용]. Online: http://www.cracked.com/article/136_5-reasons-you-secretly-want-zombie-apocalypse/?wa_user1=1&wa_user2=Weird+World&wa_user3=article&wa_

user4=recommended.

24. Martin Luther, *A Treatise on Good Works* (The Floating Press, 2009), p 91.

25. Sproul, p 145.

Chapter 9

1. Zoe Williams, "dult Colouring-in Books: The Latest Weapon against Stress and Anxiety" https://www.theguardian.com/books/2015/jun/26/adult-colouring-in-books-anxiety-stress-mindfulness.

2. Eloise Keating, "usinesses Turn to Colouring Books for Employees: Are They the Key to a Stress-Free Workplace?"n.p. Online: http://www.smartcompany.com.au/people-humanresources/leadership/46363-businesses-turn-to-colouring-books-foremployees-are-they-the-key-to-a-stress-free-workplace/.

3. Matthew Hutson, "eople Prefer Electric Shocks to Being Alone With Their Thoughts" http://www.theatlantic.com/health/archive/2014/07/people-prefer-electric-shocks-to-being-alone-withtheir-thoughts/373936/.

4. Julie Beck, "he Zen of Adult Coloring Books" http://www.theatlantic.com/health/archive/2015/11/sorry-benedict-cumberbatchyour-head-is-fine/414010/.

5. Heather Schwedel, "oloring Books for Adults: We Asked Therapists for Their Opinions" https://www.theguardian.com/lifeandstyle/2015/aug/17/coloring-books-adults-therapists-opinions.

6. Sarah Halzack, "The Big Business behind the Adult Coloring Book Craze" https://www.washingtonpost.com/business/economy/thebig-business-behind-the-adult-coloringbook-craze/2016/03/09/ccf241bc-da62-11e5-891a-4ed04f4213e8_story.html.

7. Thu-Huong Ha, "merica' Obsession with Adult Coloring Is a Cry for Help" http://qz.com/650378/the-sad-reason-americanadults-are-so-obsessed-with-coloring-books/

8. Charles Taylor, *A Secular Age* (Harvard University Press, 2007), p 64, 71, 307, 309.

9. Taylor, *A Secular Age*, p 306.

10. J.H. Bavinck, The *J.H. Bavinck Reader*, John Bolt, James D. Bratt, P. J. Visser 편집, James A. De Jong 번역 (William B. Eerdmans Publishing Company, 2013), p 135-6.

Chapter 10

1. Simon Barnes, *How to Be a Bad Birdwatcher: To the Greater Glory of Life* (Short Books, 2004), p 16. 들새 관찰은 생각보다 훨씬 더 많은 사람들이 즐기는 취미다. 흔히 '트위칭'이라고 불리는 이 취미의 경쟁적인 측면은 굳이 '최고'를 가리기 위한 것이 아니라 그냥 경쟁적인 사람들끼리 즐기는 것일 뿐이다(p 21).

2. TV: Stephen Moss and Susie Painter, Birds Britannia 1: Garden Birds (BBC 4 7/11/10), 0.04.

3. Barnes, p 48.

4. Peter Holden and Tim Cleeves, *RSPB Handbook of British Birds* (A&C Black, 2008), p 6.

5. Holden and Cleeves, p 6.

6. Julian Huxley, "The Courtship Habits of the Great Crested Grebe", *Proceedings of the Zoological Society of London 84* (1914), p. 492.

7. Kirsten Birkett, *The Essence of Darwinism* (Matthias Media, 2001), p 119.

8. Barnes, p 154, 63, 30, 29.

9. Barnes, p 83, 85.

10. Barnes, p 191.

11. 빌 오디(Bill Oddie)는 이렇게 탄식한다. "너무 많은 사람들이 정원의 새들만 본다" TV: Stephen Moss and Susie Painter, Birds Britannia 1, 1.34를 보라. 시몬 반스는 트위칭을 하는 사람들이 "정통적이지 않다…그들은 들새 관찰자들이 진정으로 원하는 모습이 아니다"라고 말했다. Barnes, p 21을 보라.

12. Barnes, p 153-154.

13. Stephen J. Nichols, *Jonathan Edwards: A Guided Tour of His Life and Thought* (P&R, 2001), p 169. 《조나단 에드워즈의 생애와 사상》(CLC 역간)

14. Theodore A. Turnau III, "Equipping Students to Engage Popular Culture", p 135-157, *The Word of God for the Academy in Contemporary Culture(s)* [Reprinted with page numbers 1 - 28], John B. Hulst and Peter Balla 편집 (Karoli Gaspar Reformed University Press, 2003), p 4에 실림.

15. Turnau, "Reflecting Theologically on Popular Culture as Meaningful," p 289.

16. Barnes: "하나님, 진화, 혹은 뭐라 부르던 이 프로세스가 이 두 종류의 종을 탄생시켰다." Barnes, *How to Be a Bad Birdwatcher*, p 39.

17. Turnau, "Reflecting Theologically on Popular Culture as Meaningful", *Calvin Theological Journal 37* (2002), p 290.

18. Scott J. Hafemann, *The God of Promise and the Life of Faith: Understanding the Heart of the Bible* (Crossway, 2001), p 35. 스코트 해프먼, 《온전한 신뢰》(IVP 역간).

19. Turnau, "quipping Students to Engage Popular Culture", p 8.

20. Nichols, p 170.

21. Barnes, p 151.

22. Barnes, p 154, 159.

23. Turnau, "quipping Students to Engage Popular Culture", p 23.

Chapter 11

1. Rose George, *The Big Necessity: Adventures in the World of Human Waste* (Portobello Books, 2008), p 53.

2. 워시렛은 토토(TOTO)사에서 만든 이 종류 제품들의 이름이다. 천은 워시렛이 1997년 "화변기" "가정 판매" 매출의 32퍼센트, "화변기" 전체 매출의 38퍼센트를 차지했다는 이 회사 관계자의 말을 인용했다. Allen Chun, "lushing in the Future: the Supermodern Japanese Toilet in a Changing Domestic Culture", Postcolonial Studies 5 (2002), p 159.

3. Chun, p 158.

4. 예전에는 여성들이 용변 소리를 가리려고 계속해서 물을 내렸고, '공주 소리'는 물을 절약하기 위해 개발되었다. Santosh M. Avvannavar and Monto Mani, " Conceptual Model of People' Approach to Sanitation", *Science of The Total Environment*, Volume 390, Issue 1 (2008), p 9.

5. George, p 59.

6. Julie L. Horan, *The Porcelain God: A Social History of the Toilet* (Robson Books, 1996), p 137.

7. Richard Craze, *Feng Shui: A Complete Guide* (Hodder & Stoughton, 1997), p 4, 17-18.

8. Arne Kalland, "ouses, People and Good Fortune: Geomancy and Vernacular Architecture in Japan", *World Views: Environment, Culture, Religion*, Volume 3, Number 1 (1999), p 46-47.

9. Kalland, p 35, 40.

10. Mary Douglas, *Purity and Danger: An Analysis of Concepts of Pollution and Taboo* (London: Routledge, 2002), p 50. 메리 더글라스, 《순수와 위험》(현대미학사 역간).

11. Patrick McElligott, 일본 종교에 관한 강연, 오크 힐 대학, 2008년 4월 5일.

12. Horan, p 137.

13. Chun, p 154.

14. 예를 들어, Alan Macfarlane, *Japan Through the Looking Glass* (Profile Books, 2007), p 218.

15. George, p 51.

16. Peter N. Lundell, "Behind Japan' Resistant Web: Understanding the Problem of Nihonkyo", Missiology, 23/4 (1995), p 410.

17. McElligott, *Japanese Religions*, 2008.

18. Macfarlane, p 147.

19. Richard Keyes, "The Idol Factory", *No god but God: breaking with the idols of our age*, Os Guinness와 John Seel 편집 (Moody, 1992), p 45.